Karl Spühler
Vom Dorfbub zum Bundesrichter

Vorwort

Diese kleine Schrift will weit über meinen Werdegang allgemein aufzeigen, was bei der Lebens- und Berufsgestaltung und darüber hinaus als Staatsbürger beherzigenswert ist. Eine Rolle spielt die bodenständige Entwicklung, die Bescheidenheit, die Schule, einschliesslich des Gymnasiums, das Studium, die Wichtigkeit der ersten Praxisjahre, die Vielfältigkeit des Juristenberufes, die wissenschaftliche Tätigkeit, das staatsbürgerliche Engagement, das Militär, die Freizeitgestaltung und vor allem die Familie.

Im Besonderen den Jus-Studierenden und den Angehörigen der Juristenberufe mögen die vielen Hinweise auf die berufliche und führungsmässige Erfahrung dienen. Sie sollen zur persönlichen Zufriedenheit und zum angestrebten Erfolg helfen.

Karl Spühler, anno 2024

Impressum

© 2024 Edition Königstuhl

Alle Rechte vorbehalten.

Kein Teil dieses Buches darf ohne schriftliche Genehmigung des Verlags reproduziert werden, insbesondere nicht als Nachdruck in Zeitschriften oder Zeitungen, im öffentlichen Vortrag, für Verfilmungen oder Dramatisierungen, als Übertragung durch Rundfunk oder Fernsehen oder in anderen elektronischen Formaten. Dies gilt auch für einzelne Bilder oder Textteile.

Bild Umschlag: zVg
Gestaltung und Satz: Stephan Cuber, diaphan gestaltung, Bern
Lektorat: Manu Gehriger
Druck und Einband: CPI books GmbH, Ulm
Verwendete Schriften: Adobe Garamond Pro

ISBN 978-3-907339-84-8

Printed in Germany

www.editionkoenigstuhl.com

Karl Spühler

Vom Dorfbub zum Bundesrichter

Autobiographie

Inhalt

1. Kindheit – Schule – Krieg 9
2. Gymi in Zürich 21
3. Studium 27
4. Bezirksgerichte 36
5. Baudirektion 41
6. Stadtschreiber und Rechtskonsulent 44
7. Obergericht – Urheberrecht – Papageien –
   Fallzuteilung 52
8. Schiedsgerichtsbarkeit 69
9. Bundesgericht – Antognini – Rouiller-SchKG 71
10. Ruf an die Universität Zürich 86
11. Universität Zürich – Prüfungen –
    Dissertationen – Publikationen 88
12. Expertenkommission Zivilprozessordnung 96
13. Abschiedsvorlesung-Kassationsgericht –
    Anwaltstätigkeit – Nachlassverträge –
    internationale Aufgaben 99
14. Wissenschaftliche Tätigkeit – «Praxis» –«CAN» 108
15. Fazit: Sinn der Jurisprudenz – Vielfältigkeit –
    Zufriedenheit – Besorgnis 110
16. Militär – Romandie – Militärstrafrecht 114
17. Ausserfachliche Tätigkeiten 119
18. Fazit 124
19. Zum Schluss: Dank an Familie 126

1. Kindheit – Schule – Krieg

Thalwil 1935, Dorf am Zürichsee. Mischung zwischen Textilindustrie, Kleingewerbe und Landwirtschaft. Eisenbahnknotenpunkt, Gotthardlinie/Chur. Ungefähr 7000 Einwohner. Wirtschaftskrise: Im Jahre 1935 wurde ich hier geboren. Mein Vater war Faktor in einer grossen Zürcher Offizin, meine Mutter betrieb ein Damenatelier, mein Grossvater war Kaminfeger- und Dachdeckermeister im Thalwiler Oberdorf.

In diese Welt wurde ich hineingeboren. Ich war herzlich willkommenes erstes Kind. Ich bekam noch einen Bruder (später Dr. oec.) und eine Schwester (später Lehrerin). Wir wohnten in einem damals modernen Vierfamilienhaus an der Alten Landstrasse oberhalb des Gemeindehauses, gegenüber dem Blumenhof, wo sich auch das Betreibungsamt befand. Meine Erinnerungen reichen zurück an den grossen Garten hinter dem Wohnhaus an der Alten Landstrasse. Dort spielten wir mit den Töchtern von Elektriker Brupbacher und von Dr. Heinz Justiz, der dort wohnte und eine Dorfarztpraxis betrieb. Wir stritten uns am Sandkasten. Wir spielten Zirkus und ich erinnere mich an eine Hochzeit, ich als Bräutigam mit einem grossen schwarzen Zylinder. Mit Stolz trug ich ein pechschwarzes Kaminfegergewändli samt einem kleinen Leiterchen, mit welchem ich meinen Grossvater, meinen Onkel und die Gesellen nachahmte. Damals während der Kriegszeit besass Dr. Heinz Justiz als Dorfdoktor fast als einziger von

Thalwil ein Auto. Es war für uns Kinder jeweilen eine Riesenfreude, wenn er uns auf seine Tour zu den Patienten, was damals noch üblich war, mitgenommen hat; dies erfolgte auch in die Nachbardörfer. Diese herrliche Kinderwelt wurde nur durch den Nachbarn Schreinermeister Eprecht und Uhrenmacher Sommerhalder getrübt. Eprecht war kein Kinderfreund; er hielt tagelang Bälle, die irrtümlich über den Haag auf sein Grundstück flogen, zurück. Der griesgrämige Sommerhalder war bei Heinrich Baumann, der im Untergeschoss ein Optiker- und Uhrengeschäft betrieb, angestellt und war – ohne Grund – Feindbild von uns Kindern. Dieses Verhaltensschema ist nicht unüblich. Trotz allem eine herrliche Kinderzeit!

Draussen tobte der Zweite Weltkrieg. Einstweilen merkten wir Kinder kaum etwas davon. Es dauerte aber nicht lang. Nächtliches Getüte weckte uns aus dem Schlaf. Dann hörten wir «Der Grenzschutz muss sofort einrücken». Die Eltern versuchten, uns verängstigten Kindern das zu erklären. Bald musste auch mein Vater einrücken. Schwach erinnere ich mich, dass ich einmal mitten in der Nacht geweckt wurde. Der Militärkommandant seiner Einheit hatte ihn für Stunden nach Hause entlassen, um sich von seiner Ehefrau und den Kindern zu verabschieden. Denn die Invasion fremder Truppen stehe bevor. Warum diese dann nicht erfolgte, weiss kaum jemand sicher. Für mich war der nächtliche Besuch ein traumatisches Ereignis. Der benachbarte Arzt Heinz Justiz, ein gebürtiger Jude, floh mit seiner Familie ins Berner Oberland. Die Mutter sagte uns, dies geschehe hauptsächlich infolge der im Dorf ansässigen Nazis. Sie warnte uns vor diesen, wir begriffen dies kaum. Wir durften nicht mehr vor dem Hause spielen und wurden in den Kindergarten zur Platte bei der Kirche stets begleitet. Erst viel später erfuhr ich, dass auf dem Weg etwelche

*Während des zweiten Weltkrieges hatte vorab die Mutter
die Familienlast zu tragen.*

Nazis wohnten, deren blosse Existenz Furcht erregte. Einige von ihnen begaben sich nach Deutschland unter die Waffen ... Während Monaten wurde ich des Vaters und eines Teils meiner Spielkameraden beraubt. In dieser Zeit hielt ich mich oft im Atelier meiner Mutter auf. Deren Lehrtöchter gaben mir alte Modejournale zum Ausschneiden. Dies bildete die Basis für mein lebenslanges Interesse an der Damenmode, nicht selten besuchte ich früher Modeschauen. Der Kindergarten war damals nicht eine Vorstufe zur Schule, er war eine reine «Gfätterlischule». Dies behagte mir nur am Anfang. Ich war deshalb froh, wenn es 11.00 Uhr wurde. Als ich die Uhr lesen konnte, blickte ich häufig an die Uhr am nahen Kirchturm und teilte die Zeit den anderen laut mit. Als mich Tante Lina an einen Ort versetzte, von welchem aus ich die Turmuhr nicht sehen konnte, legte ich mich jeweilen einfach auf den Boden, von welchem aus der Winkel erlaubte, die Uhr zu sehen. Allerdings war ich so klug, dass ich die Zeit für mich behielt und nicht mehr laut verkündete.

Ich trat mit Freude in die erste Klasse bei Lehrer Bosshard im Schulhaus Schwandel nahe unserem Wohnsitz ein. Bosshard hatte mehr als eine Klasse nebeneinander zu unterrichten. Gesamthaft betrug die Schülerzahl mehr als ein halbes Hundert. Fast alle hatten als Muttersprache deutsch, die Integration der wenigen Italiener Kinder bereitete keine Probleme. Einzig mit der Hygiene klappte es nicht. Wöchentlich erschien die «Laustante». Etwelche Schüler mussten am Morgen vor der Schule im Stall helfen. Andere stammten aus armen Arbeiterkreisen. Nur wenige hatten zu Hause ein Badezimmer. Dort durfte der Boiler während des Krieges wegen Strommangels wöchentlich nur einmal eingeschaltet werden. Waschmaschinen gab es noch nicht. Frische Kleider gab es nur im Wochenrhythmus. Lehrer Bosshard war häufig im Militärdienst und wurde von jungen Praktikantinnen vertreten. Eine von ihnen war mit uns lieber im Strandbad. Dies sagte mir als lebenslanger Wasser- und Schwimmliebhaber sehr zu. Dank dem ausgezeichneten Lehrer Bosshard wurde das Lernziel trotzdem erreicht. Wir Kinder waren damals nicht durch das Fernsehen und elektronisches Gamen abgelenkt. Wir kamen dennoch nicht zu kurz. Im Winter war Schlittschuhlaufen auf dem gefrorenen Thalwiler Waldweiher angesagt, in der Übergangszeit spielten wir Rollhockey auf der damals weitgehend verkehrsfreien Strasse. Unmöglich war jedoch das Spielen auf dem Schulhausplatz. Dieser war im Zuge der Anbauschlacht Wahlen in einen Kartoffelacker umgepflügt worden. Der Speisezettel war beschränkt, nur am Sonntag gab es Fleisch. Die Hauptlebensmittel waren rationiert. Allmonatlich mussten wir die Lebensmittelkarten bei der Gemeindekanzlei abholen. Erhebliche Strafen drohte den Händlern, wenn sie ohne sogenannten Punkte Lebensmittel verkauften. In den Bäckereien gab es nur zweitägiges Brot. Zum Glück hatten wir in der Verwandtschaft Bauern. Von ihnen erhielten wir Kartoffeln oder bisweilen sogar ein «Buttermödeli». Es herrschte auch Mangel an Heizmaterialien. Deshalb mussten wir nicht selten mit der Grossmutter in den Wald, um Tannzapfen und Forrigel zu sammeln. Alles verteuerte sich, die arbeitenden Familienväter erhielten während der Militärdienstzeit nur einen Teil ihres Lohnes. Eine Erwerbsersatzordnung gab es erst später. Meine Mutter ging mit Sorgen zur Bank, um Erspartes abzuholen. Von ihr lernten wir sparen. Ich spürte die prekäre Lage.

    Oft begleitete ich meinen Vater in sein Geburtshaus im Thalwiler Oberdorf. Dort betrieben mein Grossvater und mein Onkel ein Dachdecker- und Kaminfegergeschäft. Sie lebten in typischen Flarzhäusern. Sie arbeiteten immer, auch an Samstagen bis 18.00 Uhr, Arbeit gab es bis hinüber ins Sihltal. Die Handwerker besassen damals noch kein Auto. Ziegel und Dachlatten sowie die Leitern brachte man per Schubkarren an Ort und Stelle. Waren die Mengen zu gross, bestellte man den «Bobbachmann» (Bote Bachmann) mit seinem Pferd. Dieser besorgte die nicht im Dorf erhältlichen Waren in der Stadt Zürich. Einen wichtigen Verdienstteil bildete die Reinigung der hohen Kamine der Industrie im unteren Dorfteil. Die Arbeiten begannen am Samstagnachmittag nach Ende des Fabrikbetriebes, dauerten die ganze Nacht bis am Sonntagmorgen. Die Kaminfeger kreuzten jeweilen die Kirchgänger, wenn sie müde und verschmutzt ins Oberdorf nach Hause zurückkehrten. Dort standen im Hof grosse Standen mit heissem Wasser bereit.

Während der Primarschulzeit bekam ich Einsicht ins militärische Leben. Kehrte das Infanterie-Seebataillon nach langen Fussmärschen aus Richtung Albis heim, so wurde es von der Bevölkerung entlang der Dorfstrasse beklatscht. Armee und Bevölkerung standen sich sehr nahe. Als Knabe waren für mich die Retablierungsarbeiten von erheblichem Interesse. Besonders stolz waren wir Buben, wenn wir von der fahrbaren Feldküche eine übrig gebliebene Suppe mit Spatz erhielten. Mit Freude begrüsste ich meinen Götti, Oberleutnant Max Hauri, auf seinem Schimmel. Mit zunehmender Dauer des Krieges wurden wir Kinder uns der Situation bewusst. Heulten die Sirenen, mussten wir während der Schule eiligst in den Luftschutzkeller des Schulhauses. Auch daheim wurde die Waschküche in einen Luftschutzkeller umgebaut. Im Dorf bildeten die nicht militärdienstpflichtigen Männer eine Luftschutzkompagnie, die blaue Uniformen trug. Sie wurde durch eine kleine militärische Einheit unterstützt. Zu dieser gehörte mein Vater. Ich erinnere mich, wie er einmal mitten in der Nacht nach Hause kam, um angesichts der drohenden deutschen Invasion uns nochmals zu sehen. Zum Glück erfolgte die Invasion dann nicht. Erinnern kann ich mich noch, dass Uhrmacher Heinrich Baumann jeweilen am Samstagmorgen zu uns in die Wohnung hinaufkam, um am Radio die angekündigten «Hitler-Reden» zu hören. Diese endeten jeweilen «und die Schweiz, das Stachelschwein, das nehmen wir im Rückweg ein». Ein besonderes wie tragisches Schauspiel war es, von der Zinne aus, die vermehrt in die Schweiz abgetriebenen US-Bomber, verfolgt von unseren kleinen Moran-Jägern zu sehen. Die Bomber waren zum Teil nicht mehr steuerungsfähig und stürzten brennend in den Zürichsee ab. Die Crew konnte sich mit dem Fallschirm meistens retten und wurde dann von der Seepolizei an Land gebracht. Die amerikanischen Bomber wurden in der Regel durch die Firma Schaffner (fast jedes Kind rund um den Zürichsee kannte den Namen «Bombeschaffner») vom Seegrund auf riesige Flosse gehoben. Die Arbeiten waren für die vielen Zuschauer äusserst spannend.

Viele andere Geschehnisse wirkten in meinem späteren Leben nachhaltig. Eine lange Krankheit während der unteren Primarschulzeit isolierte mich von der Schule und den Spielkameraden. Während dieser Zeit entstand meine Liebe zum Buch. Das Buch begleitete mich bis heute, zuerst passiv, immer mehr aktiv. Schon in der Schulzeit las ich häufig die Zeitungen. Grund war dabei, dass mein Vater an der Produktion einer grossen Tageszeitung mitwirkte. Damals begann ich mich für die Politik zu interessieren. Auch meine Affinität zum Schuldbetreibungs- und Konkursrecht geht auf diese Zeit zurück.

Gegenüber unserem Wohnhaus war im «Blumenhof» das Betreibungsamt untergebracht. Die Kriegszeit brachte nicht wenige in finanzielle Nöte; der Betreibungsbeamte, Heinrich Brändli, führte dort monatlich Versteigerungen durch; damals überwogen Sachpfändungen, denn die Löhne der Leute waren oft kaum auf der Höhe des Existenzminimums, weshalb Lohnpfändungen selten waren. An den Versteigerungen waren Radios, entbehrliche Möbel, Werkzeuge, aber auch Geissen, Schafe und Schweine zu haben. Schuldner waren vor allem Arbeiterbauern. Sie arbeiteten in der Fabrik oder als Bauarbeiter und besorgten am frühen Morgen und am Abend ihr Kleinvieh, allenfalls ihre Kuh. Ihre Kinder hatten wacker mitzuhelfen. Als Knabe verfolgte ich interessiert die Versteigerungen im Freien des Blumenhofes. Die Wurzeln für das SchKG wurden wohl durch Professor Heinrich Fritzsche begründet, dessen Nach-Nach-Nachfolger an der Universität Zürich ich Jahrzehnte später werden sollte. Fritzsche wohnte an der Schwandelstrasse in Thalwil. Den Keller in seinem Haus stellte er uns Pfadfindern zur Verfügung. Ich fragte ihn einmal, was er an der Universität lehre. «SchKG und ZPO» war seine Antwort – ich wusste fast so viel wie vorher.

Ebenfalls politisch wurde schon damals die Basis gelegt. Es war 1. Mai 1943. Am wunderbaren schulfreien Nachmittag spielte ich mit den Kindern von Pfarrer Keller im Garten neben der Kirche. Plötzlich vernahmen wir Musik und Lautsprecherlärm aus Richtung des alten Sekundarschulhauses unterhalb der Kirche. Neugierig rannten wir dorthin. Dort sahen wir eine grosse Menschenmenge mit roten Fahnen. Sie formte sich zu einem Umzug. Über das Tun wussten wir damals noch nichts (zum ersten Mal fand in Thalwil nach dem Krieg eine 1. Mai-Kundgebung statt). Der Zug setzte sich in Bewegung. Interessiert marschierten wir Kinder auf der Seite mit. Allzu weit kam ich allerdings nicht. Bei der Einmündung der Böni- in die Dorfstrasse wurde ich plötzlich von hinten gepackt und auf die Seite gerissen. Es war meine Grossmutter vom nahen Dachdeckergeschäft. Sie schüttelte mich und rief: «Das sind nicht unsere Leute, dahin gehören wir nicht!» Am Abend telefonierte sie meinem Vater, der mir die Sache altersgerecht erklärte. Ich begriff, dass die Spühlers nicht mit den Linken marschieren ... Bis heute nicht.

Wir begingen auch Bubenstreiche. Dazu lud das damalige Dorf ein, heute wäre dieses Tun zum erheblichen Teil kaum mehr möglich. Im Wald bauten wir Buben Hütten. Dies sehr zum Unwillen des Försters und der Waldarbeiter. Auch im Dorf machten wir uns bemerkbar. Zuerst waren von uns ungeliebte Leute die Opfer, jedenfalls nicht kinderfreundliche. Das spürten wir gut. Zu diesen gehörte vorab Landwirt Maurer im Oberdorf. Wir suchten nicht nur dessen Obstbäume auf, liessen den Hofhund frei oder öffneten den Haag der Schafweide... Oder wir benutzten den Nichtnutz Schmid vom Rain, den wir «Füdlibagge» tauften. Dieser zog tagein-tagaus mit seinem grossen leeren Koffer im Dorf herum, schimpfte über den «Vogt Pfister an der Strass» (Vormund) und ohrfeigte bisweilen einen von uns Buben, wenn wir ihm allzu nahe traten. Wir waren eher den Pferden und Eseln, die Lastkarren durchs Dorf schleppten, verbunden. Besonderes Mitleid hatten wir mit dem alten Fuchs von Milchmann Bachofner. Wenn dieser jeweilen seine Milchtour beendet hatte, begab er sich zum ausgedehnten Frühschoppen in den «Zürcherhof» nahe des Schwandelschulhauses. Er liess Ross und Wagen im Sommer an der heissen Sonne stehen. Wir Buben hatten Erbarmen mit «Fanni», lockerten die Zügel und lösten die Bremsen. Auf unseren Befehl

«Hü» trottete das Pferd mit dem Wagen ohne Fuhrmann nach Hause. Dort dankte man uns, gelegentlich unser Sackgeld alimentierend. Stunden später wackelte dann der Milchmann ebenfalls nach Hause, fluchend und schimpfend über die bösen Buben. Wir konnten ihm stets geschickt entweichen. Dem Pferd machten wir bisweilen mit einem Zucker Freude. Streiche gehören zur Jugend; diese wollen ihre Grenzen ausloten. Streiche beflügeln die Fantasie und die Persönlichkeit der Heranwachsenden. Sie dürfen jedoch keinen Schaden anrichten. Gerissene Streiche haben einen tieferen Sinn. Dies ist heute weitgehend abhandengekommen.

Nicht zu vergessen ist ein Ereignis im Jahre 1943 während der unteren Primarschulzeit. Dieses hatte starke Auswirkungen auf die ganze Zürichsee-Region. Ich war am frühen Nachmittag beim Spielen. Da hörten wir Kinder das Feuerwehrauto. Schnell liefen wir auf die Strasse, folgten dem durchdringenden Ton und nahmen erschreckt weitere Feuerwehrhörner aus Richtung Oberdorf wahr. Vom Mühlebachplatz sahen wir, dass der Turm der Kirche schon lichterloh brannte. Weitherum ist die Kirche Thalwil zu sehen, vom linken und rechten Seeufer und selbst von der Quaibrücke in Zürich aus. Immer mehr Schaulustige rannten in Richtung Kirche. Da sahen wir, dass die Leitern der örtlichen Feuerwehr zu wenig lang waren, das Spritzwasser erreichte das Feuer nicht. Dadurch wurde der Kirchturm dem wütenden Feuer überlassen. Plötzlich neigte er sich und fiel brennend auf das Kirchendach. Der örtliche Feuerwehrkommandant schlug zuerst eine Hilfeleistung der Horgener Feuerwehr, dann der Stadtzürcher Berufsfeuerwehr aus, «das ist unser eigener Brand». Zu spät erkannte er das Ausmass des Brandes, dann erst wurde die benachbarte Hilfe akzeptiert. Frauen aus dem Dorf weinten,

Primarschüler

doch die Kirche war gegen Abend niedergebrannt. Die Ermittlungen begannen; die Ursache war eine durch Handwerker, die im Kirchturm Reparaturen ausführten, vor der Mittagspause nicht abgelöschte Lötlampe. Es kam zur Gerichtsverhandlung, verurteilt wegen Verursachung einer fahrlässigen Feuerbrunst wurde nur der Spenglermeister, seine Gesellen wurden freigesprochen. Im Dorf wurde herumgeboten: «Endlich muss der überhebliche Staub gesiebte Luft atmen» (gemeint ist Luft in der Gefängniszelle). Der Feuerwehrkommandant wurde abgesetzt; er hatte die Gemeindeautonomie missverstanden!

Zurück zur Schule: Die vierte bis sechste Primarklasse waren eine erfreuliche Zeit bei Lehrer Karl Brunner. Der Krieg war beendet. Wir waren fröhlich, besonders wenn er seine Geige hervorholte. «Hans Spielmann singe deine Lieder …». Noch gab es Lebensmittelkarten, Gewerbe und Fabriken liefen aber wieder gut, der Vater war wieder zu Hause, die Verdunkelung wich dem Licht, die Wegweiser wurden wieder angebracht, die Sirenen verstummten, wir mussten nicht mehr plötzlich in den Luftschutzkeller des Schulhauses. Wir reisten wieder in die Ferien, wenigstens in der Schweiz. Man hatte wieder mehr Geld. Von den schwarzen amerikanischen Soldaten, Urlaubern aus Deutschland, erhielten wir Kaugummis und die Frauen Seidenstrümpfe. Ich blühte schulisch auf. Meine Eltern dachten an die damals angesehene Sekundarschule. Da sprach plötzlich Lehrer Brunner von Gymnasium. Meine Mutter war ablehnend, sie hatte Angst vor «Zürich». Mein Vater war unschlüssig, ich sollte einmal zur Aufnahmeprüfung gehen. Ich wollte es den Eltern zeigen; mittels Büchlein von meinem Götti bereitete ich mich im Geheimen vor. Als einziger aus dem Dorf bestand ich die schriftliche Prüfung, ich musste nicht mehr an die mündlichen Prüfungen. Der Widerstand im Elternhaus war gebrochen.

2. Gymi in Zürich

Im Frühling 1948 trat ich ins kantonale Gymnasium in Zürich an der Rämistrasse oberhalb des Pfauens ein. Die Schule begann schon um 07.15 Uhr, sodass ich den Zug um 06.31 Uhr ab Thalwil nach Zürich-Enge nehmen musste. Von da weg ging es zu Fuss über das damals noch ampelfreie Bellevue. Tagwache war schon um 05.45 Uhr. Um 10.00 Uhr war ich jeweilen müde, folgte dem Unterricht nur noch schlecht und recht. Trotzdem bestand ich die Probezeit. Sieben von 28 Schülern, alles Knaben, waren weg, bis zur Matura folgten nochmals deren sechs. Es war hart für uns wenige vom Land; denn wir kamen von einer Mehrklassenschule und waren den Städtern in Vielem unterlegen. Vor allem deshalb war ich anfänglich knapp mittelmässig. Das Latein machte mir da noch Mühe. In der Folge war ich froh, damit sechseinhalb Jahre bis zur Matura durchgehalten zu haben. Nicht nur lernte ich über das Latein besser die deutsche Sprache. Das Latein half mir bei den romanischen Sprachen und vor allem im späterem Jusstudium. Es geht nicht nur um die immerwährenden rechtlichen Grundsätze (audiatur et altera pars, ne bis idem, nemo plus iuris ad alium transferre potest quam ipse habet usw.). Es geht vor allem ums Denken. Als ich später schriftliche Klausurarbeiten korrigierte, merkte ich die Lateiner durch und durch. Es war ein Riesenfehler als das Latein als Voraussetzung zum Jusstudium abgeschafft wurde.

In der zweiten Hälfte meiner Gymnasialzeit blühte ich persönlichkeitsmässig auf. Es begann zu Anfang der vierten Gymiklasse. Nach den neun obligatorischen Schuljahren glaubte ich «King» zu sein; weshalb sollte ich die Hausaufgaben machen, waren das Strandbad nicht vorzuziehen oder der Müssiggang überhaupt? Meine Schulleistungen gingen zurück, ja sie stürzten ab. Das bemerkte der ausgezeichnete Klassen- und Französischlehrer Prof. Dr. Johannes Buchmann. Er schrie mich im Unterricht an: «Spühler, mois je déteste la médiocrité». Ich erwachte, bloss mittelmässig ist nicht meine Art. Das waren weder mein Vater, noch mein Grossvater und mein Götti. Die Mahnung von Buchmann begleitete mich jahrzehntelang, in Schule, Studium, Beruf, Militär, aber auch als «Pater familias» und Schweizerbürger.

Auf dem Land zu wohnen war plötzlich ein Vorteil. Man geht weniger in den Ausgang, man ist weniger abgelenkt, man orientiert sich mehr an den wahren Dingen. Man liest auch mehr. An einem freien Schulnachmittag, einem herrlichen Frühsommertag, hatten wir das «Meretlein» im Grünen Heinrich von Gottfried Keller zu lesen. Das Strandbad lud ein. Doch da pochte in mir die Mahnung von Johannes Buchmann. Am Morgen darauf hatten wir in der Deutschstunde das «Meretlein» schriftlich nachzuerzählen. Eine Woche später war Besprechung angesagt. Deutschlehrer Professor Dr. Bernhard von Arx beorderte einen Klassenkameraden nach vorne, er solle seine Arbeit vorlesen. Dieser wurde feuerrot und begann: «Mein Meretlein hiess Doris». Er schilderte mit viel Humor den spannenden Nachmittag mit Doris am See und ... Kurze Konsternation und dann helles Gelächter der Klasse und auch des Lehrers. Eine «Ungenügende» wurde nicht erteilt, im Gegenteil. Das zeigt, dass damals Toleranz und echtes

Verständnis herrschte, dass Eigenständigkeit geschätzt war und nicht brave Anpassung. Der Betreffende war später dann auch sehr erfolgreich im Beruf.

Gelegentlich blieb ich in der Stadt. Vor allem suchten wir das «Odeon» am Bellevue auf. Das «Odeon» war ein Wiener Kaffeehaus. Es beschäftigte mich dann noch später, im Bundesgericht. Das Publikum war hoch interessant: Künstler, Schauspieler, Intellektuelle, Studenten, Professoren. Man verweilte dort während Stunden bei einem einzigen Kaffee, zwischenhinein besorgte der Kellner gegen ein bescheidenes Trinkgeld Hahnenwasser. An den Wänden prangten Mosaike mit meist goldenen Reliefs. Wir Gymnasiasten unterhielten uns mit den Schauspielern, mit Margret Carl, Heinz Woester, Ernst Ginsberg … Diese studierten im Kaffeehaus ihre Rollen für das Schauspielhaus. Tempora passati … Heute befindet sich dort eine Apotheke, folgend auf eine Kleiderboutique, und ein Star Books. Als Hausaufsatz hatten wir zu jener Zeit eine Studie über ein selbst gewähltes Denkmal in Zürich zu verfassen. Für mich kamen «Ganymed» am Bürkliplatz oder «Zwingli» vor der Wasserkiche in Frage. Ich wählte letzteres. Dabei faszinierte mich nicht das Konfessionelle, jedoch das puritanische reformierte Denken, das allein aus dem Gesichtsausdruck von Zwingli ersichtlich ist.

Ich hatte grosses Glück, während der gesamten Gymnasialzeit in der Klasse 7dR eingeteilt zu sein. Die Klasse hielt immer zusammen. Echte Freundschaften dauern an, wir organisierten wiederholt Skilager in Laret, trafen uns in Langnau a.A. bei unserem Klassenkameraden Ciocco und feierten in der dortigen Spinnerei frohe Feste. Noch heute treffen sich die Überlebenden zum gemeinsamen Mittagessen. Während Jahrzehnten machten wir mehrtägige Reisen, meistens nach Italien;

unser Kollege Peter Surbeck organisierte diese meisterhaft. Die Reisen trugen neben den kulturellen Erkenntnissen und Genüssen viel zu unserer Freundschaft bei.

Vermehrt fing ich gegen Ende der Gymnasialzeit an, mich um Staatslehre zu kümmern. Ich las Rousseau, Montesquieu, Tocqueville, auch Schweizer Autoren wie beispielsweise Denis de Rougemont wurden verschlungen. Mein Interesse blieb auch Klassenlehrer Buchmann nicht verborgen. Er gab mir den Titel «Allocution pour le premier août» für den Matura-Aufsatz. Damals wurden die Grundlagen für mein späteres Denken und Wirken gelegt: Rechtsstaat, direkte Demokratie, Unabhängigkeit, Freiheit, starke Justiz. Bisweilen trafen wir uns zu fröhlichem Tun bei einem Klassenkameraden. So huldigten die einen bei einem Treffen in Zollikon im Haus eines Mitschülers in Abwesenheit dessen Eltern der Lektüre des damals hochaktuellen «Kennedy Reports» und des «Van de Velde», während sich andere dem Alkohol hingaben. Einen Klassenkameraden konnten wir am anderen Morgen selbst mit kaltem Wasser in der Badewanne nicht wach bringen. Wir mussten in die Schule und ihn dem Schicksal überlassen. Ein Problem blieb jedoch: Im Klassenbuch trugen die Lehrer jeweilen die Absenzen ein. Diese wurden abgehackt, wenn die elterliche Entschuldigung vorlag. Diese war jedoch im vorliegenden Fall nicht beizubringen. Als Klassenbuchführer fand ich aber den Weg. Ich «verlor» das Buch. Dieses machte bei mir zu Hause Sommerferien und wurde hernach gefunden. Die Absenz war vergessen.

Den grössten «Coup» landeten wir aber im Fach Physik. Er war fast kriminell. Unser Physikprofessor vermochte uns den Stoff eher ungenügend darzubringen. Er machte jeweilen kurz vor den Ferien eine schriftliche Prüfung über den Stoff des ganzen Quartals. Die Noten der Prüfung waren bestimmend für die Zeugnisnoten. Diese waren meist ungenügend. Es grassierte bei uns die Angst. Einige von uns wussten, dass der Schulhausabwart (wir nannten ihnen «Schwartli», denn nomen est omen) jeweilen die Prüfungsfragen auf blauen Kopien vervielfältigen musste. Es gelang zwei Mitschülern den Abwart, der gleichzeitig den Schülern Süssmost verkaufte, abzulenken und ein Prüfungsexemplar zu behändigen. Wie weiter? Sofort beschlossen wir, uns am frühen Abend in der Spinnerei Langnau a.A. bei Ciocco zu treffen. Dort auf dem Estrich des Fabrikgebäudes war genügend Platz und es bestand auch Sicherheit vor einer Entdeckung. Unter Leitung eines der wenigen Physikbegabten der Klasse lösten wir Prüfungsfrage um Prüfungsfrage. Am Schluss erkannten wir die Gefährlichkeit, wenn plötzlich auch die vielen bisher ungenügenden Schüler unserer Klasse eine fehlerfreie Arbeit ablieferten. Deshalb wurde die Sache derart aufgeteilt, dass einige Fehler machen sollten. So absolvierten wir die Prüfung tags darauf unbeschwert. Eine Woche später war Prüfungsbesprechung. Dabei machte uns der Physikprofessor ein Kompliment «Ihr habt sehr gut gelernt». Eisernes Schweigen herrschte, dauernd bis heute.

Wir waren sonst sehr eigenständig und gebärdeten uns freiheitlich. Das zeigte sich auch in späteren Jahren. Keiner von uns war Mitglied eines sogenannten Serviceklubs, man wollte möglichst ungebunden sein. Das zeigte sich schon im Zeitpunkt der Matur. Wir lehnten eine von der Schule organisierte und durchgeführte Maturareise ab. Selbständig und unabhängig, echt maturi, wollten wir sein. So waren wir zwei Wochen mit Zelten unterwegs in Italien, vornehmlich auf der Insel Elba. Mit wenig Geld, aber voller Tatendrang. Echte und lebenslange Freundschaften entstanden hier. In gegenseitiger Achtung trotz aller Verschiedenheiten des Herkommens, der beruflichen Ausrichtung, des Erfolges in Beruf und Privatleben, der Konfession, der Weltanschauung und der politischen Einstellung. Die Grundlage ist in einer freiheitlichen Mittelschule, in einem (damals) freiheitlichen Zürich zu finden ... Dank gebührt dem Gymnasium in der «Lümmelburg» oberhalb des Pfauens.

3. Studium

Die Studiumswahl war noch offen – Jurisprudenz oder Geschichte –. Der Entscheid fiel mir nicht ganz leicht. Ein akademischer Berufsberater half mir mit etwelchen Broschüren und wertvollen persönlichen Meinungsäusserungen. Nach vielen Wochen des Abwägens entschied ich mich für die Rechte. So schrieb ich mich im Herbst 1954 nach den Maturaprüfungen, die mir keine besonderen Anstrengungen erforderten, bei der damaligen Rechts- und staatswissenschaftlichen Fakultät ein; zu dieser gehörten damals auch die Ökonomen.

Der Einstieg war nicht schwierig, denn die Fakultät war übersichtlich. Die Fakultät umfasste nur acht Ordinarien. Die Vorlesungen wurden eingleisig gehalten. Wir mussten nicht unter verschiedenen Professoren im Hinblick auf die Prüfungen wählen. Bei Studienbeginn waren wir nur knapp vierzig Studierende, davon etwa zehn Zürcher, ebenso viele Ostschweizer (St. Gallen war damals weitgehend noch Handelshochschule), einige Innerschweizer (die Universität Luzern gab es noch nicht), etwelche Aargauer, ein Schaffhauser, ein Tessiner und ein Deutscher. Frauen waren es zwei. Wir pflegten ein «Studium General», besuchten auch Vorlesungen in anderen Fakultäten und der Freifächerabteilung der ETH und Verhandlungen im nahen Obergericht. Daneben besuchte ich das Presseseminar, wo uns Direktor Siegfried Frey von der

Schweizerischen Depeschenagentur wertvolle Anregungen zum Verfassen von Zeitungsartikeln gab.

Lehrbücher und Skripten gab es nicht für alle Fächer. Im Zentrum standen die Vorlesungen. Diese stenographierten wir nach. Persönliche Aufzeichnungen waren von zentraler Bedeutung, sie stärkten unsere Verantwortung und Aufmerksamkeit. Die Professoren dozierten weniger Details, dafür die grossen Linien. Sie förderten das juristische Denken. Das traf vor allem für das römische Recht bei Professor Julius Lautner zu. Seine Vorlesungen waren leider etwas wirr und unsystematisch. Nicht ganz selten machte er Ausflüge ins babylonische Recht (der Hammurabi-Kodex lässt grüssen) oder glitt ins Kriegswirtschaftsrecht ab, das damals kaum mehr eine Rolle spielte. Wie er aber das römische Sachenrecht erörterte war eindrücklich. So blieb mir das Dienstbarkeitsrecht (ius tigni immittendi) in besonderer Erinnerung. Auch den weiten Begriff der «Res» erklärte er treffend. Besonders wertvoll für mein späteres Berufsleben waren seine Darlegungen des Vertragsrechtes (z. B. «nemo plus iuris ad alium transferre potest quam ipso habet»). Oft fielen seine Vorlesungen und zahlreich besuchten Pandektenübungen krankheitsbedingt aus. Lautner war infolge seiner Prüfungen bei den Studenten gefürchtet, auch bei mir. Er verabscheute recht eigentlich nur diejenigen, die nicht denken und selbständig überlegen konnten. «Das Studium beginnt dort, wo die Vorlesung aufhört», rief er uns zu. So bereitete ich mich sorgfältig mit dem Werk von Jöhrs/Kunkel/Wenger auf die Prüfung bei Lautner vor. Diese fanden bei ihm zu Hause am Zürichberg statt. Herzklopfend bestieg ich die Seilbahn am Rigiplatz. Ich war froh, dort meinen Studienkollegen Kurt Widmer zu treffen, den späteren CS-Generaldirektor. Wir machten uns mit Spässen Mut und wurden an

Student

der Hadlaubstrasse von Frau Professor mit Fruchtsäften fit gemacht. Das lange Warten war zermürbend. Dann endlich wurde ich ins Schlafzimmer gelassen. Lautner befand sich hinter einem farbigen Paravent, während der ganzen Prüfung sah ich ihn nie, ich hörte ihn nur. «Wie ich heisse, woher ich stamme», wollte er wissen. «Thalwil ist ein Kaff» verängstigte er mich. Darauf folgte Hundegebell hinter dem Paravent, und dann kam wie aus einem Kanonenrohr die Frage «Konnte man im alten Rom einen Pinscher mit einer römischrechtlichen Hypotheka verpfänden?». Ich erörterte ihm das römischrechtliche Sachenrecht, welches im Unterschied zum germanischen Recht keinen Unterschied zwischen beweglichen und unbeweglichen Sachen machte. Das erlaube den Schluss, dass im alten Rom ein Hund (eine Sache) mit einer Hypotheka verpfändet werden konnte. Er hatte mich nicht «erwischt!». Darauf beendete er überraschenderweise die Prüfung, und bat mich, Kurt Widmer als nächstes «Opfer» zu rufen.

Brillant waren die Vorlesungen von Professor Carl Oftinger. Schon seine Einführungsvorlesung faszinierte uns alle. In freier Rede führte er systematisch mit klaren Begriffen in die für uns neue Rechtswissenschaft ein. Stets begleitete er seine Ausführungen mit treffenden Beispielen. Er faszinierte mich ebenso im Allgemeinen Teil des Obligationenrechts. Besonderes Gewicht legte er auf das Zustandekommen und die Unverbindlichkeit eines Vertrages. Höhepunkt bildete das Haftpflichtrecht. Stets betonte er dabei «neminem laedere». Sorgfältig erörterte er den natürlichen und adäquaten Kausalzusammenhang. Oftinger forderte absolute Stille in und um den Hörsaal. Als einmal Baulärm von aussen eindrang, zückte er sein Portemonnaie und schickte mit einem Nötlein einen Studenten zu den Bauarbeitern, damit diese sich in ein Restaurant zum Bier bis zum Vorlesungsende verziehen konnten.

Oftinger setzte seine Vorlesung erst fort, als wieder eiserne Stille herrschte. In den mündlichen Prüfungen setzte Oftinger auf einfache unkonventionelle Fragen und forderte rasches klares Denken sowie eigenständige Lösungen. Er legte Wert auf klare Begrifflichkeit. In der mündlichen Prüfung überraschte er mich: «Sie haben eine Laus, haften Sie dafür?». Er visierte auf die Tierhalterhaftung und handelte diese sorgfältig ab. Art. 56 OR gehörte zu seinen Lieblingsbestimmungen. Dann schwenkte er auf das Vertragsrecht, das heisst zu den Voraussetzungen der Unverbindlichkeit eines Vertrages.

Vor allem in den ersten Semestern genoss ich sodann die Vorlesungen bei Professor Werner Kägi. Das Allgemeine Staatsrecht gestaltete er weit über das Fach hinaus. Er führte uns faszinierend ins Verfassungsrecht und darüber hinaus ins ganze öffentliche Recht ein. Besonders die direkte Demokratie, aber auch deren Gefahren, zeigte er trefflich auf. Gelegentlich waren seine eigenen früheren Verirrungen durchzuhören. Stets war sein naturrechtlicher Ansatz deutlich spürbar. Stark besucht waren vor allem die Übungen und Seminare von Werner Kägi. Er pflegte ausgezeichneten Kontakt zu den Studierenden, weit über das Fachliche hinaus. Die Übersichtlichkeit des damaligen Universitätsbetriebes kam ihm dabei entgegen. Später entschloss ich mich zu einer Dissertation bei Werner Kägi. Vorerst verlangte er von mir eine Seminararbeit über ein Teilgebiet. Dann erst gab er das Thema frei: «Die Schranken der politischen Rechte nach der Verfassung der Schweizerischen Eidgenossenschaft». Das Thema, auch dessen Problematik, waren damals sehr aktuell. Dies vor allem in Deutschland, hatte doch in den 1930-er Jahre alles demokratisch begonnen, Kägi warnte vor der «dezisionistischen Demokratie» und insbesondere von den Lehren Carl Schmitt's. In der Schweiz wurde das Thema in der Praxis von den armeefeindlichen beiden Chevallier-Volksinitiativen und der sogenannten Rheinau-Initiative geprägt; letztere wollte eine schon rechtskräftig erteilte Kraftwerkkonzession (aus Naturschutzgründen) rückgängig machen. Meine Arbeit ging weit über die erst 1891 eingeführten Volksinitiativen auf Partialrevision der Bundesverfassung hinaus. Ich erörterte die Praxis der Bundesbehörden mit der Gültigkeit von Initiativen, insbesondere von Partialinitiativen und befasste mich mit den betreffenden Theorien von Fritz Fleiner, Walter Burckhardt, Max Huber, Zaccaria Giacometti, Werner Kägi und Hans Nef. Daneben prüfte ich die deutschen Theorien, vor allem diejenigen von Horst Ehmke; diese waren ausgesprochen politisch motiviert, was sie von den schweizerischen Lehrmeinungen unterschied. Ich unternahm abschliessend den Versuch, die Schranken der politischen Rechte auf der Grundlage unserer Bundesverfassung unpolitisch zu begründen. Meine Dissertation fand nach Abnahme durch die Fakultät Aufnahme in den damaligen Beiträgen zur Zürcher Rechtswissenschaft. Sie löste beachtliche Diskussionen aus, vor allem auch in Deutschland.

Zur Zeit meines Studiums war die Fakultät sehr gut besetzt. Dies gilt vor allem für das öffentliche Recht mit dem hervorragenden Trio Giacometti/Kägi/Nef. Zeitlebens bin ich dankbar, dass ich vor seiner Emeritierung Zaccaria Giacometti noch erlebt habe. Vor allem seine Übungen waren einzigartig. Dogmatisch gründete er auf Kant und Kelsen. Er war ein grosser Positivist, der den Rechtsstaat vorzüglich erörterte und in der alltäglichen Praxis mutig verteidigte. Er geisselte vor allem das Vollmachtenregime des Bundesrates während des zweiten Weltkrieges und darüber hinaus. Mutig zeigte er uns die rechtsstaatlichen Schwächen des Bundesrates und der Bundesverwaltung auf. Allein seine Erscheinung und sein Gesichtsausdruck faszinierten. Kraft schöpfte er aus seiner Heimat, dem Bergell, und aus Paris mit den neusten Filmen.

Sehr guten Zulauf hatte auch Professor Hans Nef, der uns vorab mit der Rechtsphilosophie vertraute. Er verstand es sodann meisterhaft, uns das unübersichtliche Bundesverwaltungsrecht beizubringen. Die an sich trockene Materie lockerte er jeweilen trefflich mit seinem Appenzeller Witz auf. Mit seinem Humor löste er nicht selten Lachsalven im Hörsaal aus. Gerne machte er geistige Ausflüge in die Rechtsphilosophie. Er erleichterte uns das Mitschreiben seiner Vorlesungen, indem er wichtige Sätze zwei- oder gar dreimal wiederholte. Er liebte das Leben, er huldigte der persönlichen Freundschaft und der Geselligkeit und brillierte mit seinem Appenzellerwitz.

Viel trug zu meiner rechtswissenschaftlichen Ausbildung Strafrechtsprofessor Erwin Frey bei. Seine Praxisnähe schätzte ich sehr. Die lebendigen Übungen waren sehr geschätzt und entsprechend gut besucht. Ich lernte viel für die anfängliche Praxistätigkeit in den Gerichten. Mühe bereitete mir seine plötzliche Hinwendung zur finalen Handlungslehre von Hans Welzel. Frey erlaubte mir jedoch im Jahre 1960 meine fünfstündige schriftliche Prüfung nach klassischem Strafrecht zu absolvieren. Offenbar war er von der Lehre Welzel's selbst nicht vollständig überzeugt, liess er sie doch später wieder fallen. Das spätere Schicksal von Erwin Frey, den wir Studierende sehr schätzten, war leider tragisch.

Hoch angesehen war Professor Max Guldener, einer der hervorragendsten Zivilprozessrechtler der Schweiz. Seine Vorlesungen glänzten weniger durch Rhetorik, waren aber inhaltlich ausgesprochen gehaltvoll. Er lehrte damals vor allem das zürcherische Zivilprozessrecht, machte aber nicht selten Abstecher in andere Kantone. Er betonte stets den dienenden Charakter des Prozessrechtes, zeigte aber auf, dass die richtige Handhabung desselben prozessentscheidend sein kann. Er liebte das Zivilprozessrecht mehr als das Schuldbetreibung- und Konkursrecht, betonte jedoch immer wieder die Wichtigkeit der Vollstreckung. Seine Vorlesungen und Übungen schloss er spätestens um 11.15 Uhr, denn der Frühschoppen im «Oberhof» an der Zürichbergstrasse war ihm wichtig.

Interessant waren für uns als Pendant zum römischen Recht die Vorlesungen zur deutschen Rechtsgeschichte bei Karl Sigfried Bader. Bader hatte sich als Deutscher während der Nazizeit im Fürstenberger Archiv in Donaueschingen versteckt; dorthin führte er uns später auf Exkursionen. Nach der Nazizeit war er Generalstaatsanwalt in Freiburg im Breisgau, weshalb er in Zürich die strafrechtlichen Hilfswissenschaften, vor allem die Kriminologie vertrat. Kern seines Schaffens bildete jedoch das «Dorf im Mittelalter». Für die mündlichen Prüfungen hatte ich dieses im Auge. Er wollte jedoch von mir wissen, wie Sexualtäter im Mittelalter bestraft wurden. Zum Glück hatte ich den «Mitteis» studiert. Ich erinnerte mich, dass man die Sexualstraftäter in die Sümpfe trieb, wo sie elendiglich zu Grunde gingen. Auch eine Art von Todesstrafe.

Leider erst gegen Schluss meines Studiums stiess Professor Arthur Meier-Hayoz zur Fakultät. Er erörterte uns das schwierige Wertpapierrecht mittels Tafeln und Graphiken trefflich. Dies war für mich eine mühevolle Angelegenheit, hatte ich doch damals keinen Bezug zu Aktien und Obligationen. Ich genoss vor allem seine luziden aktienrechtlichen Vorlesungen und Übungen. Im Februar 1960 war ich der einzige Kandidat bei der Klausur im Wirtschaftsrecht. Er telefonierte mir das Ergebnis persönlich schon zwei Tage später nach Hause. Zu meinem Glück stellte er mir an der mündlichen Prüfung neben wertpapierrechtlichen Fragen auch solche aus dem Einleitungstitel zum ZGB. Arthur Meier-Hayoz förderte mich später erheblich, machte mich zum Autor zu einem Teil des von ihm herausgegebenen Berner Kommentars und setzte sich sehr für meine spätere Berufung auf den Zürcher Zivilprozessrechtslehrstuhl ein.

Die Studienjahre waren hart. Nicht selten war ich im Militärdienst. Derweil viele meiner Studienkollegen die Semesterferien anderweitig geniessen konnten. Ich war zur Bescheidenheit gezwungen. Als Ältester von drei Kindern musste ich einen Teil meines Studiums selbst verdienen. So arbeitete ich auf dem Bau, am Fliessband in einer Schokoladenfabrik oder am Abend bei der Sihlpost in Zürich. Nach Mitternacht fuhr ich mit dem Velo nach Thalwil. Geschadet hat mir das Ganze nicht, im Gegenteil! Der Einblick in die Arbeitswelt brachte reichen Gewinn. Vor allem Jahre später.

4. Bezirksgerichte

Im Jahre 1961 waren wir an der Abschlussfeier lediglich zehn Juristen, davon nur vier Zürcher. Drei davon strebten ein Auditorat bei einem Bezirksgericht an. Die Gerichte warben um die jungen Juristen – und nicht umgekehrt wie heute. So konnte ich sofort eine Auditorenstelle bei der dritten Abteilung des Bezirksgerichtes Zürich antreten. Mein direkter Vorgesetzter war selten bei der Arbeit. Fast regelmässig ging er ins 15.00 Uhr-Kino. Zur Fastnachtszeit 1962 war er – ein Innerschweizer – oft während Tagen nicht gesehen. Das gereichte mir zum Vorteil. Der Betreffende verfügte über eine während Jahren aufgebaute Mustersammlung. Diese war erheblich besser als die offizielle Sammlung des Gerichtes. Zu seinen Mustern hatte nur ich Zugang; es war eine stillschweigende Abmachung, damit ich seine Abwesenheiten verschwieg. Fachlich konnte ich sehr profitieren, für ihn konnte ich selbständig Anträge, sogenannte Referate, ausarbeiten. Weit über die ordentliche Arbeitszeit biss ich mich in die Arbeit hinein. Ich war quasi gar nie Auditor, sondern faktisch weitgehend selbständiger Substitut. Dazu kam, dass die Abteilung fachlich schwach besetzt war. So konnte ich auch für den Abteilungspräsidenten prozessleitend tätig sein; das Prozessrecht war schon damals meine grosse Liebe. Zum Glück hatte ich selten Protokolldienst. Da damals im Ehescheidungsrecht noch das Verschuldensrecht galt, gab es stundenlange Einvernahmen der Parteien und von Zeugen. Der Inhalt der Einvernahmen war regelmässig peinlich, fachlich sehr uninteressant. Jedenfalls waren juristische Rosinen selten. Die Umstände stärkten meinen Ruf. Gesamtgerichtspräsident Fink machte mich lange vor Ablauf des Auditorenjahres darauf aufmerksam, dass das Bezirksgericht Winterthur dringend einen Substituten des Gerichtschreibers suchte. Noch am selben Abend konnte ich mich vorstellen, wurde sofort angestellt und konnte mich an Stelle des bescheidenen Auditorenlöhnleins von damals monatlich 360 Franken einer Besoldung von rund 1200 Franken erfreuen. Ich konnte langsam ans Heiraten denken …

Das Winterthurer Bezirksgericht bestand damals aus nur fünf Richtern, wovon zwei Laien. Zwar waren die familienrechtlichen Verfahren in Überzahl, aber es gab sowohl landwirtschaftliche Tatbestände und klassische OR-Fälle. Das Gericht wurde vom ausgezeichneten Präsidenten Gottfried Müller geführt. Ich konnte viel dazu lernen, grosse Selbständigkeit und entsprechende Verantwortung prägten den arbeitsreichen Alltag. Vielfalt war jedenfalls angesagt: Ich konnte mich neben Abteilungsgeschäften auch in der sogenannten Audienz betätigen. Sehr gerne widmete ich mich den SchKG-Angelegenheiten. Trotz der Vielfalt der Verfahren lasteten die Ehescheidungsprozesse und Eheschutzangelegenheiten arbeitsmässig und vor allem psychisch schwer auf mir. Weil wie vorstehend dargelegt damals noch das Verschuldensscheidungsrecht galt, waren die familienrechtlichen Angelegenheiten in der Regel oft peinlich und bedrückend. Dies führte dazu, dass ich einmal zu meiner damaligen Freundin und späteren Ehefrau nach Frauenfeld fuhr und ihr eröffnete, ich würde niemals heiraten. Sie brach in Tränen aus …

Während Präsident Müller jeweilen meine Referate korrigierte, musste ich neben ihm stehen und durfte seine treffenden Kommentare entgegennehmen. Er forderte viel, was mich jedoch anspornte. Im Vor-Pille-Zeitalter gab es nicht wenige Vaterschaftsprozesse, die Gottfried Müller jeweilen gegenüber den Beklagten mit den Worten «en tüüre Gspass» begleitete. Diese Verfahren zeigten die moralische Wirklichkeit durch alle Gesellschaftskreise. Es gab auch Fälle für die Gerichtsberichterstattung im «Landboten». So schlug das sogenannte «Schleickrecht» (Holz die steilen Hänge des Schauenberges hinunterlassen) in der Region hohe Wellen. Berühmt im ganzen Kanton wurde ein Fall aus Pfungen, wo ein Zimmermann den Dachstock zu tief konstruierte, dass sich die Läden im obersten Stockwerk nicht öffnen liessen. «Ein guter Kranzschwinger hat auch Schwächen» kommentierte Gerichtspräsident Müller die mündliche Urteilseröffnung. Einige peinliche Sexualstraffälle erschütterten damals Stadt und Landgemeinden; sie betrafen die «Sulzerhäuser» und Gemeindepräsidenten in Landgemeinden. Mit der Zeit kam (fast) alles ans Licht.

Zusammen mit anderen jungen Juristen – Damen waren damals von der Substitutentätigkeit noch gesetzlich ausgeschlossen – hatten wir auch unsere Spässe. So wollten wir die Treffsicherheit von beschlagnahmten Jagdgewehren eines Tösstaler Jagdfrevlers erkunden. Während der Mittagspause schossen wir vom Dach des Gerichtes auf die Krähen auf den hohen Bäumen der benachbarten Gärten. Das Kommando oblag einem jagderprobten Bündner Auditor unter uns. Man traf und so fielen etliche Vögel in den Garten der Villa von Nationalrat Dr. Böbs Bühler, der dort mit seinen Gästen nach dem Mittagessen jeweilen den Kaffee trank. Die Gesellschaft schreckte auf. Wir bekamen es mit der Angst zu tun und bra-

Hochzeit

chen unsere Schiessübungen ab. Wäre die Sache damals ausgekommen, hätte uns der gestrenge Gerichtspräsident Müller auf der Stelle entlassen. Unsere Angst wich ein wenig, als der ebenfalls benachbarte Anwalt Dr. Hans Heiz, den wir gut kannten und der mit seinen brillanten Plädoyers begeisterte, uns fragte, ob wir etwa seinen Sohn, den späteren Anwalt und Politiker Hans Jakob Heiz, mit einem Gewehrlein hätten spielen sehen. Der Verdacht ging in anderer Richtung; offenbar hatte uns niemand die «Kalberei» zugetraut ... Wir betätigten uns in unserer Freizeit auch sinnvoller. An Samstagen wurde noch bis in den Mittag hinein gearbeitet; dann zogen wir gemeinsam über Land. Einmal fuhren wir mit dem Zug nach Rickenbach. Von dort aus ging es über Ellikon hinunter an die Thur. Ein Auditor kaufte im dortigen Volg eine Wurst und eine lange Schnur und zeuchelte damit einen grossen Hund bis zur Thurbrücke. Dieser blieb jedoch auf der Zürcher Seite der Brücke stehen und liess sich nicht über die Brücke bewegen und trottete ins Dorf zurück, denn er gehörte zum Kanton Zürich und war kein Thurgauer. Er war offenbar weiser als junge Juristen. Wir zogen weiter zur damals noch nicht renovierten Karthause Ittingen. Diese beeindruckte uns tief. Unsere Ehrfurcht galt vor allem den Kathäuser Häusern. In der alten Klosterkirche ertönten hierauf prächtige Kirchenlieder aus der Kehle unseres Kollegen Kurt Kappel, des Verfassers der letzten an der Universität Zürich verfassten kanonisch-rechtlichen Dissertation. Dann ging es hinauf nach Warth ins «Kreuz». Dort erwarteten uns nicht nur ein herrlicher ländlicher Znacht sondern auch Damen. Mit allerlei Schabernack endete der erholsame Ausflug.

Fazit: Jeder Jurist sollte das Gericht während mindestens eines Jahres von innen erlebt haben. Diese Erkenntnis teilte mir einmal nach Jahrzehnten ein grosser Wirtschaftsführer mit. Diesen Rat gebe ich gerne weiter.

5. Baudirektion

Ich wollte stets auch die Arbeit in der Verwaltung kennenlernen. Mein Zofingerfreund Walter Fischer (v/o Frosch, seine Physignomie und sein ganzes Gehabe erinnert an ihn, «nomen est omen») machte mich darauf aufmerksam, dass in der Baudirektion des Kantons Zürich eine juristische Sekretärstelle zu besetzen war. Regierungsrat Meierhans (SP) stellte mich im Jahre 1963 ein. Zwar war das öffentliche Recht sehr interessant, doch mir gefiel die Denkweise nicht sonderlich. Beim Entscheid von Baurekursen überwog fast immer das öffentliche Interesse. Es galt das veraltete kantonale Baugesetz von 1893 anzuwenden. Dieses gab angesichts der während sieben Jahrzehnten erfolgten Entwicklung häufig keine Antwort. Die Gemeinden und sogar die Stadt Winterthur verfügten noch mehrheitlich über keine Bauordnungen. So half man sich einfach mit dem öffentlichen Interesse. Dieses wurde allzu oft, besonders in einer SP-Direktion leichthin als überwiegend erachtet. Besonders traf dies bei den vielen Verfahren gegen die Festsetzung von Baulinien zu. Die (zu) starke Gewichtung des öffentlichen Interessens erfolgte z. B. bei der Bauverweigerung durch die Baudrektion bei einem in der Öffentlichkeit breit diskutierten gossen Bauvorhaben auf dem «Brueder», einem Hügel bei Bülach. Zum Glück – so dachte ich für mich – verfügte der Kanton Zürich seit einigen Jahren über ein unabhängiges Verwaltungsgericht. Dieses hob zu meiner stillen

Freude die mir von meinen Vorgesetzten initiierte Bauverweigerung auf dem Bülacher «Brueder» auf. Humor lockerte den Alltag auf. Vielfach überwogen bei der Entscheidung von Rekursen und Beschwerden, beim freisinnigen Nachfolger von Meierhans, Robert Zumbühl, politische Motive die rechtlichen Gesichtspunkte. Eine Lokalzeitung am Zürichsee bezeichnete mich einmal «als Schreiber vom Vogt zum Bühl». Das Ganze war mit grosser Wahrscheinlichkeit ein Grund dafür, weshalb der oberste Jurist der Direktion die Rekursanträge der untergebenen Juristen prüfte, jedoch höchstens mit erheblicher Verzögerung an die Staatskanzlei zuhanden des Regierungsrates weiterleitete. Dies beschäftigte auch das Parlament. Im Kantonsrat erhielt der Chefjurist den Übernamen «Dr. Silo». Man ging aber nicht den wahren Ursachen nach. Der Betreffende wurde «entsorgt». Lehre daraus: Es gibt zum Glück Verwaltungsgerichte, denn die verwaltungsinterne Rechtsprechung ist zu sehr mit Politik verhaftet.

Einen geringen Gefallen fand ich an der Ausarbeitung von Antworten auf parlamentarische Vorstösse. Dabei versuchte man die Verwaltung stets zu schützen, ich sah mich in der Rolle eines «Fensterreinigers». Selten wurde alles offen gelegt. Zum Glück gab es daneben dankenswertere und nachhaltigere Geschäfte zu bearbeiten. Dabei überwog an Nachhaltigkeit die Schutzverordnung Greifensee, dessen Ufer weitgehend von Bauten freigehalten werden konnten. Das wird heute als Wohltat empfunden. Der Vollzug der Verordnung erforderte viel Detailarbeit.

Bei der Vorprüfung der Winterthurer Bauordnung lernte ich den damaligen Winterthurer Stadtpräsidenten Dr. Hans Rüegg kennen, der sich der Sache nach sozialistischen Querelen in der Winterthurer Stadtverwaltung persönlich angenommen hatte. Ich sah in der Zusammenarbeit mit ihm, dass manche Probleme auch privatrechtlich oder im Interesse von Privaten geregelt werden konnten. Vor allem deshalb reizte mich die Sache und ich liess mich nach kurzem Intermezzo in der Verwaltung der Stadt Zürich als Stadtschreiber und Rechtskonsulent nach Winterthur wählen. Meine Erwartungen erfüllten sich allerdings nur zum Teil. Bald trat Hans Rüegg als Stadtpräsident zurück. Sein Nachfolger Urs Widmer war Demokrat. Die demokratische Partei spielte in der Vergangenheit von Winterthur eine erhebliche Rolle, positionierte sich aber immer mehr links und verschwand wenige Jahre später fast gänzlich. Widmer war politisch kaum einzuordnen, war vor allem stets auf seine Wiederwahl bedacht und war weit weg von meinem am Zürichsee in meiner Heimat geprägten liberalkonservativen Gedankengut. Dies spürte ich tagein, tagaus.

Junges Ehepaar

6. Stadtschreiber und Rechtskonsulent

Die Arbeit im Winterthurer Stadthaus war zwar für einen jungen Juristen, der die ersten Praxisjahre hinter sich hatte, an sich faszinierend. Mit dem Stadtpräsidenten zusammen zu arbeiten war jedoch schwierig. Er führte die direktdemokratische Linie seines Vorgängers nicht weiter, war eigenwillig, wie vorstehend dargelegt politisch schwer einzuordnen, war einer Günstlingswirtschaft innerhalb der Stadtverwaltung nicht abgeneigt, hatte unsichere Führungsprinzipien und vor allem mangelte es an klarer Information der Untergebenen. Für den rechtlichen Gang der Dinge hatte er wenig Verständnis. Es wurde mir damals zugetragen, der Stadtpräsident spreche nicht selten von «seinem inneren Schweinehund». Er hatte kaum eine Ahnung, dass man eine zweite Anordnung erst anordnen sollte, wenn die erste Anordnung durchgesetzt ist; bisweilen entstand wegen der Nichtbeachtung dieses Führungsgrundsatzes eine heillose Verwirrung. Desgleichen ordnete er oft das «Wie» anstatt nur das «Was» an, die Delegation der Verantwortung war ihm weitgehend fremd. Oft griff er in die Abläufe ein. Besonders haperte es an der klaren Information. Dadurch ergaben sich nicht selten Unsicherheiten. Widmer war sich der mangelnden Führungsfähigkeiten wahrscheinlich bewusst. Wie ich später aus privaten Kreisen erfuhr, liess er sich vom sogenannten Harzburger Model inspirieren, reiste nach Bad Harzburg, um die

Führungsprinzipien von Professor Reinhard Höhn zu erlernen. Dieser hatte zuvor zu einer Propagandaveranstaltung ins Zürcher Grand Hotel Dolder geladen, zu der mich Widmer delegierte. Ich hatte davon einen sehr zwiespältigen Eindruck, von dem ich Widmer kritisch berichtete. Niemand hörte auf meine Warnungen. Die Thesen von Höhn taugten kaum für die Schweiz. Wie ich später gewahr wurde, hatte Professor Höhn eine NS-Vergangenheit, sein «Bildungsverbund» ging in der Folge in Konkurs.

Jedenfalls war mein Vertrauen mehr als angekratzt. Als meine Partei mich in ein hohes Amt in Bern vorgeschlagen hatte, orientierte ich Widmer mangels Vertrauen und auf Anraten meiner Parteispitze nicht. Er erfuhr jedoch von meinen Absprunggedanken und reagierte mit wilden Vorwürfen. Ob er von späteren Rufen zum Thurgauer Staatsschreiber durch den Regierungsrat des Kantons Thurgau und zum Rechtskonsulenten der Stadt Zürich durch den damaligen Zürcher Stadtpräsidenten Sigmund Widmer wusste, ist mir nicht bekannt. Ich lehnte die Rufe ab, da ich zur Justiz zurückkehren wollte. Der Winterthurer Widmer hat damals vollständig zu Unrecht geglaubt, ich strebe sein Amt an, wie ich vom damaligen diesem nahestehenden Direktor der städtischen Werke, Ernst Trüb, erfuhr. Bei Weitem gefehlt!

Widmer liess sich nicht selten von «Aussen» beeinflussen. Dies war z. B. lange Zeit Grund seines Zögerns in der Haltung gegenüber dem «Divine Light Zentrum», dem DLZ. Dieses hatte am Brühlberg unter Leitung des indischen Mönchs Swami Omkarananda ein religiöses Zentrum aufgebaut, Häuser gekauft und blau angestrichen. Bald ärgerte man die Nachbarn mit frühmorgendlichen Prozessionen, vergifteter Milch und Pralinés, es folgten Attacken gegen Schulkinder usw. Mir fielen auf meinen abendlichen Spaziergängen im Brühlbergwald in auffälligem Blau gekleidete junge Damen auf. Von den Anwohnern hagelte es Proteste. Im Stadtparlament kam es zu Vorstössen. Ich forderte zu einer Reaktion und Abklärung auf, wurde aber belächelt und vertröstet. Es wurde gemunkelt, reiche Persönlichkeiten aus Winterthur und von auswärts finanzierten mit ihren Spenden die Sache und erhielten dafür religiöse und andere Dienste. Sogar über Missbrauch der jungen Damen wurde gemutmasst. Widmer zögerte, bis es zu kriminellen Anschlägen kam. Diese richteten sich gegen den damaligen Regierungsrat und Polizeidirektor Jakob Stucki, der sich mittlerweile der Sache angenommen hatte, sowie gegen den Winterhurer Rechtsanwalt Willy Hauser, der etwelche Privatpersonen am Brühlberg gegen das DLZ vertrat.

Widmer hatte wenig Sinn für protokollarische Angelegenheiten. Ein Beispiel: Beim Festessen am eidgenössischen Schützenfest in Winterthur war dessen OK-Präsident Widmer für die Tischordnung verantwortlich; er setzte den damaligen Präsidenten des Bundesgerichtes, Rolf Raschein, in die dritte Reihe neben den Kreispostdirektor und nicht zur Seite neben dem Nationalratspräsidenten und dem Vertreter des Bundesrates in die erste Reihe. Kopfschütteln herrschte, Widmer schien kein staatsrechtliches Sensorium zu haben.

Man diskutierte damals die Einführung des Frauenstimmrechtes; jede Gemeinde sollte vorerst darüber befinden, ob sie es für ihre Angelegenheiten einführen wollte. Widmer war gegen die Neuerung. Er wurde alsdann von aussen beeinflusst und beauftragte mich kurzfristig eine gegenteilige Botschaft ans Stadtparlament zu verfassen. Für meine junge Familie war das kommende Wochenende wieder einmal «im Eimer». Influencer regierten.

Mit den anderen Stadtratsmitgliedern hatte ich ein gutes Verhältnis. Sie waren zu sehr durch ihre eigenen Probleme in ihren Departementen gebunden und verfügten kaum über eine genügend potenzielle Hausmacht. Sie machten einfach mit, waren sich aber der Problematik nicht unbewusst. Die beiden Sozialdemokraten waren keine Ideologen, sie waren Gewerkschafter und vorab für ihre eigene Klientel besorgt. Erfolgreich gestaltete sein Wirken der Freisinnige Dr. Hans Bachmann, der intelligenteste und stärkste Mann des Stadtrates. Er widmete sich vor allem dem angesehenen Winterthurer Musikkollegium und war nicht selten in Genf abwesend, wo er eine gewichtige Rolle als IKRK-Mitglied wahrnahm. Daneben führte er das städtische Finanzdepartement mit fester Hand. Elegant kontrollierte er fast unbemerkt das Wirken des Stadtpräsidenten, erschien gelegentlich in meinem Büro, wobei mir verwehrt ist, hier Amtsgeheimnisse preiszugeben … Zu ihm als sehr wertvolle Ergänzung gesellte sich Stadtrat Albert Schätti (SVP). Er führte eine erfolgreiche Landpolitik, kaufte kleine kaum mehr existenzfähige Bauernhöfe an der Peripherie der Stadt, liess das Land umzonen und parzellieren und verkaufte den nicht für öffentliche Vorhaben benötigten Boden an Gewerbebetriebe und Private. Er sorgte sich dabei um den Mittelstand, den er innerhalb der städtischen Gemarkungen behalten wollte und sorgte für die gesellschaftliche und politische Stabilität der Stadt. Er beauftragte mich jeweilen von meinen Gängen nach Zürich ihm fünf Kilo Puderzucker vom traditionellen Lebensmittelhändler Schwarzenbach im Niederdorf zu bringen, mit welchem er sich Landankäufe von einer Witwe an der Hinterdorfstrasse im Stadtkreis Seen erleichterte. Schätti war gegen eine Landabgabe nur im Baurecht (wie es auf Antrag der Linken in der Folge erfolgte) und nicht zu Eigentum.

Schätti war sehr eigenständig und machte möglichst einen Bogen um den Stadtpräsidenten. Er wandte sich sodann wie Hans Bachmann stets gegen einen zu starken personellen Ausbau der Verwaltung; beide sorgten für eine gesunde Finanzlage der Stadt Winterthur.

Die verschiedenen Departemente verfügten mit Ausnahme der Bauten über keine Juristen. So hatte ich sie insbesondere im Finanz-, Schul- und Vormundschaftsrecht zu beraten. Auch war mir der Verkehr mit den Notariaten übertragen. Ausserdem nahm mich die Führung von zivil- und verwaltungsrechtlichen Prozessen erheblich in Anspruch. Darunter waren damals die vielen Verfahren um den Zonenplan 1966. Derselbe war vor allem im Stadtkreis Seen sehr umstritten. Der Zonenplan war zurückhaltend mit der Schaffung von Bauzonen. Ich hatte dies zu vertreten. Bei einer Verhandlung vor Ort wurde ich von einem noblen Landeigentümer arg beschimpft, er warf mir u. a. «schrecklicher Bodenkommunist» vor. Ich berichtete das im Rahmen der Rückmeldungen dem zuständigen Stadtrat Albert Schätti. Dieser stellte den Betreffenden zur Rede. Resultat war ein Nachtessen mit entsprechender Entschuldigung. Ein anderer Landeigentümer bewarf mich bei einem Augenschein mit Steinen, worauf der Vorsitzende die Verhandlung abbrach. Daneben war das SchKG ständiger Begleiter. Wurde die Stadt betrieben, war nicht das Betreibungsamt zuständig, sondern das Notariat Alt-Stadt. Dieses überwies dann mir die Betreibung zur Behandlung. Eine eigentliche SchKG-Rosine war folgende Begebenheit: Das städtische Forstamt gab bei einer Versteigerung von Holz aus dem Stadtwald den Zuschlag an eine Grosssägerei in Wil/SG. Diese fiel kurz darnach in Konkurs. Die vielen Stämme waren nicht bezahlt. Sie lagen noch draussen im Wald. Die Konkursverwaltung beanspruchte das Eigentum an den Bäumen und wollte als Kaufpreis nur die Drittklassdividende bezahlen. Ein umfangreicher Streit erfolgte, eine sogenannte juristische Rosine.

Die Einbürgerungen von Ausländern stiegen in dieser Zeit stark, sie boten Einblick in manche Schicksale. Zum Glück war man weit entfernt von einem Politikum. Denn im Bürgerrechtswesen bestand eine hervorragende Zusammenarbeit mit der betreffenden Kommission des Stadtparlamentes, vor allem den Präsidenten, dem Sozialdemokraten Jules Schneider, und dem freisinnigen Arzt Dr. Ernst Stiefel. Leider wurde dann die Mitwirkung des Parlamentes in Bürgerrechtssachen aufgehoben und damit viel Vertrauen in die Ausländerpolitik der Stadt Winterthur zerstört. Misstrauen, Gerüchte und sogar Hass waren die Folge.

Viele komplexe rechtliche Kenntnisse erforderte sodann die Ausarbeitung komplizierter gemischtwirtschaftlicher Verträge, so für das Parkhaus «Arch» und für das Zentrum Töss. Die hart erkämpfte städtische Beteiligung wurde in der Folge bei letzterem wieder fallen gelassen. Gerne folgte ich der Anfrage des damaligen Präsidenten der Winterthurer Handelskammer, des Rechtsanwaltes Dr. Rudolf Heiz, in der Studiengesellschaft für die Bahnhofüberdachung (Parkhaus) mitzuwirken und die schwierigen rechtlichen Probleme zu lösen. Das Parkhaus hat noch heute eine nachhaltige und erfreuliche Bedeutung für die ganze Region.

Ich war auch für die Grundstückgeschäfte bei den drei städtischen Notariaten und denselben von Turbenthal im Tösstal bis Feuerthalen im nördlichen Weinland zuständig. Vor allem für die Sicherung der Versorgung mit Wasser kaufte die Stadt Winterthur damals in der weiteren Umgebung Land zusammen. So erwarb sie in Ellikon am Rhein einen kleinen

Bauernhof. Der Verkäufer wollte den Kaufpreis nicht mit einem Check bezahlt haben, er wollte Bargeld sehen. Ich fuhr also mit 498 Tausendernoten zum Notariat Feuerthalen, nicht ohne Schutzvorkehren. So weit war man damals in ländlichen Gebieten von einem modernen Zahlungsverkehr entfernt ... Im Tösstal sicherte man sich auch Grundwasser. Weil dort das eidgenössische Grundbuch noch nicht eingeführt war und deshalb das Land noch nicht vermessen war, wurde immer noch nach «Circa-Mass» gehandelt. Dabei ergaben sich angesichts mangelhafter Einträge in den massgebenden altrechtlichen Grundprotokollen und den dortigen Grenzbeschreibungen Fehler. Diese waren teilweise erheblich, trotz der sorgfältigen Schätzungen. Einmal erwiesen sich dieselben, wie sich erst nach Jahren herausstellte, um rund ein Drittel zu klein. Die Stadt Winterthur hatte somit ein viel grösseres Grundstück gekauft. Nach langem Feilschen wurde ein Teil des ordnungsgemässen Preises nachbezahlt.

Nebenhin war ich auch Sekretär des Stadtparlamentes. Dies war zwar nach den Regeln der Compliance nicht unbedenklich, jedoch praktisch und diente der gegenseitigen Information. Mit den Exponenten des Parlamentes bestand eine erfreuliche Zusammenarbeit. Dies galt vor allem bei der Beratung der jeweiligen Parlamentspräsidenten, so des Demokraten Drogist Fritz Höner, des Unternehmers Peter Geilinger (FdP), des Direktors der Landwirtschaftlichen Schule Wülflingen, Dr. Rudolf Bäbler (SVP), des Sulzer-Ingenieurs Peter Richner (LdU) und des Ornithologen Walter Locher (CVP). Sie alle standen – mit Schattierungen – dem Stadtpräsidenten eher kritisch gegenüber. Dies galt auch für den nachmaligen Bundesrat Dr. Rudolf Friedrich, der damals die FdP-Fraktion des Winterthurer Stadtparlaments präsidierte. Nicht ideologische Auseinandersetzungen, sondern sachliche Differenzen überwogen. Hoch gingen die Wellen, vor allem im Stadtparlament, gegen den sogenannten Cortenstahl, u. a. beim Fassadenbau des neuen Theaters am Stadtgarten. Stadtpräsident Urs Widmer verteidigte das Projekt diesbezüglich vergebens; es siegte klar die Opposition um den Tierarzt und SVP-Fraktionspräsidenten Dr. Hans Bachmann. Das Cortenproblem zeigte sich auch bei den Fassaden des Berufsschulhauses an der Wülflingerstrasse. Diese mussten ersetzt werden, was sehr kostspielig war. Weshalb die Fassaden aus Cortenstahl mit allen Mitteln versucht wurde durchzusetzen, gab zu manchen Gerüchten Anlass.

Die Winterthurer Stimmberechtigten zeigten sich lange Zeit geduldig. Das gesellschaftlich-politische Zusammengehörigkeitsgefühl verhinderte offene persönliche Auseinandersetzungen. Die Winterthurer waren stolz auf die Unterschiede zur Stadt Zürich. Tempi passati. Es dauerte jedoch nicht ewig. Der Winterthurer Stadtpräsident verfehlte unversehens bei einer Wiederwahl das absolute Mehr …

7. Obergericht – Urheberrecht – Papageien – Fallzuteilung

Mit 36 Jahren wurde ich vom Kantonsrat zum Ersatzrichter des Zürcher Obergerichtes gewählt. Als Ersatzrichter wurde ich hauptsächlich in den Strafkammern eingesetzt. Meine Tätigkeit in der Militärjustiz hatte den Faden zum Strafrecht nie ganz abreissen lassen. Ich profitierte vor allem von den ausgezeichneten Oberrichtern Otto Fehr, Herrmann Rüdy und Henri Ardinay, welche eine sogenannte Glanzkammer bildeten. Zum Teil (negativ) berühmt wurde ich durch den damals in der Öffentlichkeit starke Wellen werfenden Fall «Edith Erving». Diese hatte einen in den Medien stark kommentierten grossen Bankbetrug begangen, zu welchem ein bei einer ehebrecherischen Nacht bei ihrem früheren Ehemann gestohlener Pass ihrer Nachfolgerin aus ihrer geschiedenen Ehe diente. Noch am Abend der Gerichtssitzung titelte die damals viel beachtete «TAT»: «Ein unbekannter Ersatzrichter aus der Landschaft gab den Ausschlag» und führte aus, ich sei schuld, dass die Verurteilte nicht zu ihren kleinen Kindern auf Ibiza zurückkehren konnte, denn ich hätte ihr mit Stichentscheid den bedingten Strafvollzug verwehrt. Scharfe Drohungen per Brief und nächtlichen Telefonaten erfolgten. Es wurde mir u. a. angedroht, dass ich meine kleinen Kinder bald auch nicht mehr sehen werde. Sie durften während Monaten nicht mehr ohne Aufsicht draussen spielen.

Ich war echt froh, denn bald betraute mich der unvergessliche vorzügliche Präsident der II. Zivilkammer, Walter Bühler, mit grösseren Fällen aus dem ZGB und vor allem dem OR; das war ein Grund, dass ich die Strafkammern verlassen konnte. Alles hat jedoch seinen Preis. Samstags- und Sonntagsarbeit waren angesagt. Das verdiente Geld war sehr willkommen und diente vornehmlich zur Abzahlung der Schulden aus dem Bau eines Einfamilienhauses in Winterthur-Wülflingen. Bevor ich zum vollamtlichen Oberrichter gewählt wurde, noch ein Intermezzo: Ohne mein Wissen stellte mich die Landesringfraktion als Kampfkandidaten gegenüber einem älteren umstrittenen Kandidaten aus meiner Partei auf. Dieses Manöver scheiterte knapp und brachte mich in eine peinliche Lage zum Gewählten und meiner Partei, doch es war auch ein Fingerzeig an diese. Sie stellte mich kurz später bei der Vakanz, welche durch die Wahl von Oberrichter Georg Messmer ins Bundesgericht entstanden war, als vollamtlichen Oberrichter auf. Als jüngster Richter durfte ich ins höchste Gericht des Kantons Zürich Einsitz nehmen.

Ich wurde der I. Zivilkammer zugeteilt. Diese Kammer wurde von Fritz Hürlimann präsidiert. Er kannte die Zürcher Justiz von der Pike auf. Zuerst machte der Sohn eines Sägers aus Bäretswil im Zürcher Oberland eine Kanzlistenlehre beim Bezirksgericht Hinwil. Erst dann studierte er Jus und wurde schliesslich Oberrichter. Hürlimann war ein ausgesprochen praktischer Jurist; dies entsprechend seinem Werdegang. Leider trat er bald altershalber zurück. Die Kammer war fachlich keine Glanzabteilung. Dies galt leider auch kollegial. Ein Gericht lebt auch von der Kollegialität. Zwar versuchte der damalige Kammerpräsident das Gremium zusammenzuhalten. Wenn einer sich gegen Abend schon um 16.00 Uhr vorzeitig «verabschiedet», weil er Kenntnis davon hat, dass in der Kanzlei ein Superprovisorium eingegangen ist, wenn einer am Mittwochmittag nach elf Uhr regelmässig das Gericht verlässt, um in Winterthur dem Mittagessen eines Serviceclubs beizuwohnen und am selben Tag nicht mehr erscheint, wenn ein anderer stets behauptet, juristische Arbeit könne man höchstens während sechs Stunden im Tag leisten, wenn einer bei Ausflügen der Kammer stets vor dem Gasthaus bleibt und behauptet, er habe keinen Durst, ist Kollegialität schwer zu erreichen. Die damals nicht ausgesprochen gute fachliche Kompetenz der I. Zivilkammer gereichte mir allerdings zum Vorteil. Das eher ungeliebte Ehescheidungsrecht stand zwar im Zentrum. Die Mehrheit der Fälle waren sogenannte «Feld-, Wald- und Wiesenfälle», gänzlich unspektakulär, fast langweilig. Es galt im Scheidungsrecht, wie vorstehend schon erwähnt, noch das Verschuldensprinzip. Peinlichkeiten überstrahlten die Rechtsfragen. Das war besonders bei den Rechtsmitteln im Eheschutz der Fall. Ich versuchte die veraltete Ehescheidungspraxis, wonach ein überwiegendes Verschulden eines Ehegatten diesem erst nach einer faktischen Trennungszeit von 15 Jahren einen Scheidungsanspruch gab, zu verändern bzw. die tatsächliche Trennungszeit abzukürzen. Das von mir beantragte Urteil des Obergerichtes in einem zu einer Praxisänderung sehr geeigneten Fall wurde vom Bundesgericht aufgehoben. Später sagte mir ein Bundesrichter in einem privaten Gespräch, dass ich schon recht gehabt hätte; man dürfe aber nie eine Praxisänderung bei prominenten Parteien versuchen. Eines lehrte mich dieser Fall: Prominente haben allgemein mehr Nach- als Vorteile! Davon habe ich später selbst Erfahrungen gemacht ... (zum Glück nicht im Bereich des Familienrechts).

Erfreulicherweise war der Kammer erstinstanzlich (von Bundesrechtswegen als alleinige kantonale Instanz) das Urheberrecht zugeteilt. Alle Fälle aus diesem Rechtsgebiet wurden mir als Referenten zugeteilt. Das war ausgesprochen anforderungsreich und vielfältig. So musste ich u. a. über ein kompromittierendes Foto einer bekannten Filmschauspielerin urteilen. Das Foto stammte aus ihrer Jugend und wurde zu Werbezwecken für ein Produkt verwendet, für das sie niemals Reklame gemacht und keinerlei Einwilligung dazu gegeben hätte. Einen schöneren Pelzmantel, den sie am Verhandlungstag trug und ausnahmsweise zum Schutz vor Diebstahl in den Gerichtssaal mit sich nehmen durfte, sah ich nie …

Damals tauchten in Zürich nicht selten Kunstfälschungen auf Auktionen bester Galerien auf. Sie beschäftigten auch die Justiz. So traf einmal an einem Freitag kurz vor Arbeitsschluss ein Gesuch, anderthalb Stunden vor Beginn einer Auktion, ein; superprovisorisch, d.h. ohne Anhörung der Gegenpartei, sei der Auktionsgalerie zu untersagen, eine berühmte Statue von Alberto Giacometti zur Versteigerung zu bringen. In dem Gesuch beiliegenden Auktionskatalog war der Wert der Statue mit über 600 000 Franken angegeben. Die unberechtigte Gutheissung des Gesuches hätte somit einen sehr erheblichen Schaden mit sich bringen können. Ich hiess nach Vornahme einer vorläufigen Interessenabwägung, das Gesuch gut. Fast fahrlässig. Als Einzelrichter musste ich zwangsläufig rasch entscheiden. Bange Zeit verging. Ich war sehr entlastet - ansonsten hätte ein grosser Schaden gedroht – als nach fast zwei Jahren die verschiedenen Gutachten (u. a. Vergleichsmessungen mit dem Original in New York, Proben der Legierung durch die EMPA) die Fälschung bestätigten. Die Medien berichteten breit über den Fall.

Zu jener Zeit waren auch die Ravioli ein grosses Thema in der Öffentlichkeit. Das Schweizer Fernsehen strahlte im «Kassensturz» einen Beitrag aus, bei dem die Büchsen-Ravioli im Zentrum standen. Es wurde in dieser Sendung verbreitet, vor allem die Ravioli einer gewissen Teigwarenfirma enthielten als Füllung Innereien und andere Metzgerei-Abfälle. Der Konsum von Ravioli fiel drastisch zusammen. Die Printmedien sprachen von einem «Ravioli-Skandal». Die Produzenten von Ravioli beklagten fast Totalausfälle, wobei das auch für die nicht attackierten Firmen galt. Es wurde von der gesamten Branche eine Klage gegen das Schweizer Fernsehen wegen Verletzung der wirtschaftlichen Persönlichkeit sowie auf Schadenersatz in Millionenhöhe eingereicht. Erstinstanzlich wurde die Klage abgewiesen, dagegen wurde Berufung erklärt. Ich wurde als Referent des Obergerichtes bestimmt. Nach Jahren einigten sich die Prozessparteien auf einen Vergleich. Heute sind Ravioli wieder «in», kaum jemand erinnert sich an den «Ravioli-Skandal».

Mit Freude nahm ich sodann kurz nachher bei einer Vakanz zur Kenntnis, dass Oscar Vogel zu unserer Kammer stiess. Vogel war ein vorzüglicher Zivilprozessrechtler, der in der Folge den Professorentitel der Universität Fribourg und der Hochschule St. Gallen erhielt. Von ihm stammt ein sehr verbreitetes Lehrbuch des Schweizerischen Zivilprozessrechtes. Ich führte dieses, zusammen mit Mitautoren nach dem Tod von Oscar Vogel weiter. Es ist zwischenzeitlich in zehnter Auflage erschienen. Eine weitere Auflage ist in Bearbeitung.

Viele Erkenntnisse konnten sodann aus dem in der Fachwelt und der Tagespresse sehr beachteten Erlenbacher Papageienprozess gezogen werden. Es ging zwar materiell um den Schutz gegen Lärmimmissionen, war aber auch novenrechtlich von Interesse. Eine von ihrem Freund verlassene vergrämte Dame schaffte sich zwei Graupapageien an. Deren Lärm störte eine benachbarte Frau. Sie klagte gegen die Papageienhalterin wegen der Immissionen. Der Gerichtspräsident von Meilen versteckte sich stundenlang mit seinem Schreiber im dichten Gebüsch eines Nachbargartens, ohne eine klare Folgerung daraus ziehen zu können. Er beschloss Zeugen einzuvernehmen. Im Ganzen waren es über vierzig. Diejenigen, die in der unmittelbaren Nähe wohnten erklärten den Lärm als klein, die entfernter Wohnenden hingegen als übermässig. Zeugen oder Streithelfer? An der Universität hatte ich von Professor Max Guldener gelernt, dass Zeugen in der Regel vielfach schlechte Beweismittel seien. Der Lärm war nach erstinstanzlicher Auffassung kaum derart, wie es das Gesetz, vor allem Art. 684 ZGB als Voraussetzung von Eingriffen fordert. Deshalb wurde die Klage vom Bezirksgericht abgewiesen. Die Angelegenheit wurde aber weitergezogen. Als ich mit Obergerichtschreiber Häberlein einen unangemeldeten Augenschein machte – prozessrechtlich eine heikle Angelegenheit – wurden wir von den Papageien mit Pfuirufen empfangen; die beklagte Dame stürzte aufgeschreckt aus ihrem Haus. Wir wagten aus prozessrechtlichen Gründen nicht auf diesen Augenschein abzustellen. Das morgendliche heimliche Anbringen von Lärmabhörgeräten wies sich prozessrechtlich ebenfalls als heikel. Die Parteien torpedierten das Obergericht weiterhin mit Eingaben. Die Berufungsinstanz zog einen Professor der Zoologie als Gutachter bei. Dieser machte von seinem Fachwissen Gebrauch und stellte eine Unterbeschäftigung der Vögel fest, die mittels Einfügens von Ästen und Laub in den grossen Käfig weitgehend behoben werden konnte. Wir stellten nicht auf die diffusen Zeugenaussagen ab, denn Zeugen sind in der Regel schlechte Beweismittel, sie sind eher Streithelfer. Die übrigen Beweismittel waren wahrscheinlich unzulässig. Und: Wenn zwei Damen sich streiten, ist der Streitgegenstand nicht ganz selten vorgeschoben ... (!??). Vivat ius, pereat mundus.

Meine dörflichen Kenntnisse erwiesen sich sodann als nützlich, als Gegenstand einer Berufung ein Kaufvertrag bzw. die Minderung des Kaufpreises über eine teure Kuh bildete. Es wurde über deren auffällig kleine Milchleistung nach dem Vollzug des Kaufvertrages ein tierärztliches Gutachten eingeholt. Dieses nannte als Grund für den Mangel, dass es sich um einen «Dreistrich» handelte. Meine Richterkollegen konnten damit nichts anfangen. Ich konnte sie belehren, dass es sich um eine Kuh handelte, die nicht aus allen vier Zitzen Milch gab. Lob des dörflichen Herkommens.

Mehr persönliche Erkenntnisse, über die Prozesssache hinaus, brachte ein nächtlicher Augenschein an der Kantonsgrenze Graubünden/Tessin im Misox. Leider führen Gerichte, auch das Zürcher Obergericht und insbesondere das dortige Handelsgericht, wie auch das Bundesgericht, weniger Augenscheine als früher durch, zum Teil gar keine mehr. Augenscheine dienen nicht nur der Festigung des Sachverhaltes, sondern vor allem der erhöhten Akzeptanz der Urteile. Die Bestimmungen in den Prozessordnungen zum Augenschein sind leider beinahe toter Buchstabe geworden. Sie sind jedoch oftmals erkenntnisbringender als Expertisen und sie verhindern einen Rückfall in den pandektistischen Aktenprozess. Es war früher anders. So fuhr z.B. 1980 eine Delegation des Obergerichtes ins Misox, um einen zivilrechtlichen Versicherungsfall, der sich um einen in der Nacht erfolgten tödlichen Verkehrsunfall auf der Nationalstrasse drehte, besser beurteilen zu können. Nach dem Genuss köstlich zubereiteter Costini und nach dem nächtlichen Sopraluogo (Augenschein) parkierte ich mein Auto in dunkler Nacht kurz vor 02.00 Uhr auf einem Parkplatz in Bellinzona. Am Morgen fand ich einen Bussenzettel angeheftet an meinem Auto. Auf italienisch sprach ich auf dem dortigen Polizeiposten vor. Ich gab mir grosse Mühe in der Fremdsprache den Sachverhalt während Minuten zu erklären. Da antwortete plötzlich der Wachtmeister hinter der Theke in breitem Berndeutsch. Theatralisch zerriss er den Bussenzettel. Er bekundete offenbar grosse Freude zu hören, wie ich mit dem Italienischen rang. Daraus zog ich die Lehre, mit Sprachstunden meine Italienischkenntnisse zu verbessern. Das diente mir sehr in meiner nachmaligen Tätigkeit als Bundesrichter; in Lausanne bearbeitete ich viele italienischsprachige Fälle und machte gerne sopraluogi (Augenscheine) im Tessin und in Südbünden.

Ein Augenschein sollte wie vorstehend allgemein vermehrt durchgeführt werden. Er dient u. a. der einwandfreien Sachverhaltsfeststellung. Das zeigte sich besonders eindrücklich bei den sogenannten «Bettfedern-Pflichtlagerhäusern». Diese hatten die zuständigen Stellen der Bundesverwaltung für die Landesversorgung der vorab in Krisenzeiten lebensnotwendigen Lebensmittel Mehl, Zucker, Reis usw., verteilt über das ganze Land, errichten lassen. Kaum in Betrieb hingen die Böden der Lagerhäuser durch. Sie wurden «Bettfeder-Warenhäuser» genannt; für die Lagerung solcher wären sie vorbehaltslos benutzbar gewesen, jedoch nicht für Zucker, Mehl usw. Ein Schadenersatzprozess folgte. Um die Prozesskosten tief zu halten, wurde der Prozess nur für ein Lagerhaus geführt. Dies erfolgte durch Prozessvertrag zwischen den Parteien, wonach das Urteil für alle gleichen Lagerhäuser gelten sollte. Mit dem Augenschein verbunden wurde die Experteninstruktion. Dieses Vorgehen sollte vermehrt aus Gründen der Prozessökonomie erfolgen. Nach langen Abklärungen fand ein renommiertes Zürcher Ingenieurbüro den Fehler: Für die Planung wurden aus Kostengründen französische Ingenieure beauftragt; diese wandten ihre Normen an, gebaut wurde jedoch nach schweizerischen Betonnormen (P 5 gemäss SIA). Der Fall konnte verglichen werden, er zog jedoch ein parlamentarisches Nachspiel nach sich, denn bei den Pflichtwarenhäusern ging es um Fragen der Landesversorgung im Notfall. Die Häuser konnten aus Sicherheitsgründen nur noch reduziert gefüllt werden, Pegel an den Säulen zeigen dies nach dem spezifischen Gewicht der einzelnen Lebensmittel an. Die Sache zeigt zweierlei: Bei der Auftragserteilung ist strikte «cura in eligendo» angesagt; es sollte nicht stets der Kostengünstigste beauftragt oder bei öffentlichen Ausschreibungen den Zuschlag erhalten. Prozessual ging man bei der Verhandlungsmaxime an die Grenze. Zwar wird in der Botschaft zur neuen ZPO ausgeführt, dass Gutachten und Augenscheine der Klärung des Sachverhaltes dienen. Im vorliegenden Fall diente sie der Erkenntnis der wahren Ursachen, der Bestimmung des (Dauer)Schadens und damit der Höhe des Schadenersatzes. Dank dieser Erkenntnisse war ein Vergleich möglich. An sich wäre es eher angebracht gewesen, dass die Klägerschaft vorprozessual ein Parteigutachten hätte erstellen lassen und gestützt darauf eine einwandfrei substantiierte Schadenersatzforderung einreichen müssen. Eine Lehre für die Schadenersatzprozesse.

In jener Zeit erschütterten die Stadt Zürich die Jugendunruhen, die im sogenannten Opernhauskrawall ihren Höhepunkt fanden. Sie gingen am Obergericht nicht spurlos vorbei.

Drohungen waren fast an der Tagesordnung. Sie wurden teilweise verwirklicht. Das Strafkammergebäude des Obergerichtes wurde mit Steinen beworfen, Scheiben wurden eingeschlagen, linke Verteidiger plädierten mit dem Rücken zur Richterbank; damit sollte die Verachtung gegenüber der Justiz manifestiert werden. Mit Steinschleudern wurde sogar gegen das Zivilkammergebäude des Obergerichtes geschossen. Als vor Weihnachten 1980 die Geschehnisse eskalierten, befahl die Verwaltungskommission des Obergerichtes der gesamten Belegschaft bis spätestens um 12.00 Uhr nach Hause zu gehen. Dann ebbten die Geschehnisse wieder ab. So ist es gottlob immer.

Das Obergericht nicht eigentlich erschüttert, aber übermässig beschäftigt, hat sodann ein Ingenieur und Spitzenruderer aus Kilchberg, von den Medien stets besonders ins Visier genommen. Derselbe reihte Klage an Klage, fast niemanden verschonte er. Einmal verschaffte er sich Zugang am Bezirksgericht Horgen zum Präsidentenbüro, kehrte dort mit seinen Bärenkräften das Pult, weil er anscheinend mit einem Urteil nicht einverstanden war, drohte bei der nachfolgenden Berufungsverhandlung den anwesenden Oberrichtern mit Vergeltung für das ihm angeblich angetane Unrecht, drehte sich dann drohend zur verängstigten Weibelin, rief im letzten Moment aus, dass er den Damen generell nichts antue. Die Sache eskalierte bei einem anderen Fall, als sich der Streitsüchtige Zugang zum Innern des Obergerichtes verschaffte, dort das Referat (Urteilsantrag) der tags darauf traktandierten Verhandlung des Gerichtes entwendete und dieses dann verlas, als er das Wort zu seiner Verteidigung erhielt. Ein anderes Mal erschreckte er das ganze Gericht, als ein riesiges Paket beim Obergericht zuhanden des Präsidenten der Anklagekammer per Post eintraf. Die Kanzlei begann es sorgfältig zu öffnen, wurde dann aber stutzig. Die Kantonspolizei wurde alarmiert, das Gericht geräumt und Sprengstoffspezialisten nahmen sich der Sache an. Im Paket fanden sie lediglich eine Sonnerieanlage. Später ergab sich, dass der betreffende Ingenieur die Anlage bei den Ruderhäusern am Mythenquai herausgerissen und gestohlen hatte, angeblich als Rache, weil er dort die Mitgliedschaft bei einem Ruderclub verloren hatte. Ein weiteres Strafverfahren folgte. Wichtig war, dass die Justiz ruhiges Blut behielt. Die Verfahrensbestimmungen genau einzuhalten, ist vor allem in solchen Fällen primäres Erfordernis! Die Justiz hat stets Ruhe und Gelassenheit zu zeigen!

Auch als Ersatzrichter des Obergerichtes kann man verhaftet werden. Gerade dann ist Gelassenheit geboten. Eine Verhandlung, ich war als Referent auf 14.30 Uhr im Obergericht in Zürich traktandiert. Mit dem 13.00-Uhr-Zug fuhr ich von Winterthur nach Zürich; ein verspätetes Eintreffen zu Verhandlung wäre für einen blossen Ersatzrichter sträflich gewesen. Im Zürcher HB angekommen, stellte ich fest, dass mich zwei Polizisten in Uniform verfolgten. Am Perron-Ende hielten sie mich an. Ich würde polizeilich gesucht, ich wurde verhaftet und sie führten mich vor allen Leuten ab in den Bahnhof-Polizeiposten. Ich war irritiert. Doch ich fasste mich und entnahm meinem Aktenkoffer das Dossier des Obergerichtes, über welches in einer knappen Stunde verhandelt werden sollte. Dies wirkte auf die beiden Polizisten. Sie zeigten mir ein Foto des Gesuchten, eine verblüffende Ähnlichkeit war nicht zu leugnen. Allerdings nur eine Ähnlichkeit. Sie entliessen mich entschuldigend. Mit dem Taxi, das ich selbst bezahlen musste, erreichte ich das Obergericht zur rechten Zeit. Vor Verhaftung ist niemand gefeit!

Mir fehlte bei der I. Zivilkammer das Schuldbetreibungs- und Konkursrecht, das Vollstreckungsrecht überhaupt. Es gibt Viele, die glauben, mit einem rechtskräftigen, eine Klage gutheissenden Urteil sei die Angelegenheit erledigt. Aber wenn weder bezahlt noch anderweitig geleistet wird? Da greifen das SchKG und das Vollstreckungsrecht der Zivilprozessordnung sowie des IPRG und der internationalen Verträge. Die Vollstreckbarkeit eines Entscheides ist nämlich letztlich das Erstrebenswerte. Erst die Vollstreckung entscheidet über «to be or not to be». So war ich nicht unfroh, als mich bei einer Vakanz der Präsident der II. Zivilkammer ermunterte, zu seiner Kammer überzutreten. Dies lohnte sich für mich zwar fachlich. Der neue Präsident belastete mich aber – und einen weiteren ausgezeichneten Richter – mit den schwierigen Prozessen, derweil er seinen Parteifreunden in der Kammer die nicht anspruchsvollen Fälle zum Referieren gab. Die Verteilung der Fälle auf die Mitglieder einer Kammer gehört zu den schwierigsten Präsidialaufgaben. Selbstverständlich können nicht alle gleich belastet werden, die Verteilung der Fälle hat auf die Fähigkeiten und die Belastbarkeit der einzelnen Kammermitglieder Rücksicht zu nehmen. Es gibt aber Grenzen.

Was mir vor allem bei der II. Zivilkammer gefiel, waren die abwechslungsreichen Fälle aus ZGB (ohne Ehescheidungen) und OR. Dabei entwickelte ich zusammen mit Oscar Vogel die Praxis, möglichst früh im Berufungsverfahren eine Referentenaudienz mit Vergleichsverhandlung durchzuführen. Nach heutiger Regelung findet dieses System seine Rechtsgrundlage in Art. 226 ZPO (sog. Instruktionsverhandlung), leider nur in einer «Kann-Vorschrift». Das System bedingt ein vorhergehendes genaues Studium des Sachverhaltes und der sich stellenden Rechtsfragen. Es braucht einigen richterlichen Mut, in einem relativ frühen Verfahrensstadium Stellung zu nehmen. Es geht aber nur um die Prozessaussichten. Nicht wenige Richter scheuen sich vor diesem System, sie schieben die Sache lieber vor sich her und ordnen prozessleitend fast automatisch einen zweiten Schriftenwechsel an. Sie halten sich dabei nicht streng an Art. 225 ZPO, wo dieses Vorgehen an die Voraussetzung «erfordern es die Verhältnisse» gebunden ist, d.h. es sich beim Verzicht auf diesen Verfahrensschritt nach gesetzgeberischem Willen um eine Ausnahme handelt. Frühzeitig im Berufungsverfahren vom Gericht materiell etwas vernehmen zu können, wird von den Prozessparteien geschätzt. Dies gilt auch für die Anwälte, es sei denn, auf Seite des Beklagten wolle man Zeit gewinnen. Allgemein bildet aber regelmässig ein Vergleich eine erwünschte Form der Prozesserledigung; er ist vielmals gerechter und trägt der Sache besser Rechnung als ein Urteil. Was ebenfalls zu beachten ist: Ein Vergleich sorgt schneller für den Rechtsfrieden zwischen den Parteien. Ein weiterer Vorteil: In einem Vergleich können strittige Punkte geregelt werden, die nicht Gegenstand des hängigen Prozesses sind.

Unangenehm wurde es für die Verwaltungskommission des Obergerichtes, als sie Gewahr wurde, dass ein Oberrichter der Strafkammern dem Alkohol übermässig ergeben war. Der Abwart meldete, dass derselbe sich über Mittag jeweilen auf dem Estrich «verpflegte». Dort befänden sich drei Kühlschränke, die wahrscheinlich dem betreffenden Richter gehörten, und nicht nur eine geeignete Mittagsverpflegung frisch hielten. Der Abwart wagte deren Öffnung nicht. Obergerichtspräsiden Robert Frick bat mich, die Frigidaires mit ihm zu inspizieren. Wir fanden nichts als hochprozentige Alkoholika. Diese wurden ausnahmslos beschlagnahmt. Ob dies rechtmäs-

Mein Vater hatte stets ein Ohr für mich

sig war, kümmerte uns nicht. Als ich später das Präsidium einer Strafkammer übernehmen musste, merkte ich während einer öffentlichen Urteilsberatung, dass der fragliche Richter stark alkoholisiert war. Er begann, die vor den Schranken stehenden Angeklagten zu beschimpfen. Sollte ich die Verhandlung abbrechen? Ich tat es nicht, nachträglich ein prädialer Fehler von mir. Als sich die wüste Sache wiederholte, rief ich die Weibelin zu mir und schrieb auf einen Zettel, den sie dem betreffenden Richter bringen musste, «kein Wort mehr». Die Verhandlung brachte ich derart zu Ende. Der dem Alkohol übermässig Ergebene trat Wochen später von seinem Richteramt zurück, nach dem ihn die Kantonspolizei auf der abendlichen Heimfahrt erheblich alkoholisiert angehalten hatte. Die Angelegenheit fand den Weg auch in die Öffentlichkeit; peinlich für die Justiz! Vielleicht hätte man früher eingreifen sollen, denn die Kollegialität muss Schranken haben.

Auf Grund von Beschwerden hatte sodann die Verwaltungskommission des Obergerichtes bei der II. Strafkammer des Obergerichtes eine interne Revision vorzunehmen. Diese ergab, dass beim Präsidenten dieser Kammer fast 30 nicht behandelte sogenannte Haftfälle (der oder die Berufungsklägerin waren in Untersuchungshaft) lagerten. Dies verstiess eklatant gegen die aus dem «Habeas Corpus» abgeleiteten Grundsätze und war politisch brandgefährlich. Die Verwaltungskommission setzte mich unverzüglich als «Troubleshooter», d.h. als Präsidenten der II. Strafkammer, ein. Ich hatte den Auftrag, die sich in Untersuchungshaft Befindlichen möglichst rasch zur Berufungsverhandlung vorzuladen. Selbstverständlich wurde der Schuldige vom Kammerpräsidium enthoben. Für mich waren die urheberrechtlichen Verfahren vorbei, ich musste mich wieder im Strafrecht orientieren. Dank dem Einsatz von Ersatzoberrichtern und beinahe unzähligen zusätzlichen Sitzungstagen konnte der Auftrag erfüllt werden. Dass es und nicht zum Aufschrei in der Öffentlichkeit und im Parlament kam, war der klugen Informationspolitik des damaligen Obergerichtspräsidenten Robert Frick zu verdanken; unverzüglich wurden die kantonsrätliche Justizkommission und alle beteiligten Verteidiger sowie die akkreditierten Gerichtsberichterstatter orientiert. Information über fehlerhafte Zustände ist Vertuschen stets vorzuziehen. Dies besonders in der Strafjustiz.

Mit den Strafkammern hatte die Verwaltungskommission damals auch sonst Mühe. Etwelche Oberrichter entledigten sich des emotionalen Frusts ihrer Tätigkeit – fast regelmässig gesamthaft über zwanzig Jahre Gefängnis verhängt an einem einzigen Tag! – im Restaurant «Isebähnli» in der Altstadt bei einem abendlichen Mahl samt eingehendem Umtrunk. Sie diskutierten dabei über die anfallenden künftigen Fälle. Da das Lokal klein war, konnte die Wirtin dies jeweilen abhören. Schlaue Strafverteidiger verkehrten dort darauf und erfuhren von der Wirtin das Neuste. Als die Verwaltungskommission des Obergerichtes von der Sache hörte – Zürich ist ein Dorf – ermahnte sie ihre Kollegen und machte sie auf die Gefährlichkeit ihres abendlichen Tuns aufmerksam. Mehr konnte sie nicht tun; die Strafverteidiger schwiegen, das war ihr Geschäftsmodel. Die Sache ist dann leider an die Medien gelangt.

Das Obergericht ist Aufsichtsbehörde der Bezirksgerichte. Es darf zwar nicht in die Rechtsprechung der unteren Instanzen eingreifen. Es hat aber deren Geschäftsführung zu überwachen. Dazu gehört die Kontrolle der Pendenzen. Die Mitglieder der Verwaltungskommission haben alljährlich die Bezirksgerichte zu besuchen und kritisch zu überwachen. Mir war u. a. das Bezirksgericht Dielsdorf anvertraut. Es bestand damals aus lauter juristischen Laien. Bei einer Kontrolle der Pendenzen wurde ich gewahr, dass beim betreffenden Gericht mehr als hundert überjährige Zivilprozesse pendent waren. Die Hälfte davon wäre schon zu viel gewesen. So beschloss die Verwaltungskommission des Obergerichtes sofort einen Ersatzrichter einzusetzen. Mit diesem sprach ich in Dielsdorf vor und ersuchte den dortigen Präsidenten, einen durchaus ehrenwerten älteren Landwirt, dem Betreffenden einstweilen zehn besonders notleidende Dossiers zu übergeben. Doch er erklärte, «Dielsdorf vermöge seine Prozesse sehr wohl selbst zu erledigen, wir sollten umgehend nach Zürich zurückkehren». Erst als der Obergerichtspräsident selbst nach Dielsdorf ging und einen weiteren Kollegen mitnahm, war das Eis gebrochen. Es zeigte sich drastisch, dass die Zürcher Landgerichte damals mit einem

Laienpräsidenten überfordert waren. Heute ist das Laienrichtertum im Kanton Zürich ganz abgeschafft. Zwar liegt das Problem nicht nur darin. Nicht jeder noch so gute Jurist eignet sich als Gerichtspräsident. Dies zeigte sich am Bezirksgericht Andelfingen. Dieses erliess zwar sehr gute Entscheide, aber dies nur selten. Die Verfahren dümpelten dahin, Ermahnungen und Auflagen wie Fristansetzungen waren nutzlos. Die Verwaltungskommission beauftragte Obergerichtspräsident Franz Bollinger und den besonders strengen Oberrichter Oscar Vogel zum Rechten zu sehen, allenfalls disziplinarische Massnahmen vorzuschlagen. Sie fuhren hinaus ins Weinland zur Inspektion. Am folgenden Morgen rief mich der Obergerichtspräsident an und bat mich sofort in sein Büro zu kommen. Er erzählte mir, dass er soeben von einem Freund aus Andelfingen erfahren habe, der dortige Gerichtspräsident habe im «Löwengarten» am gestrigen Abend Folgendes den anwesenden Wirtshausgästen zu deren Belustigung erzählt: Heute sei «Onkel Franz» zur Visitation gekommen. Dieser habe noch Jagdhund Vogel mit sich genommen. Er, der Gerichtspräsident, habe sie beim Vorfahren gesehen und erkannt. Es sei ihm gelungen, die beiden ältesten Dossiers, im letzten Moment auf dem Spülkasten des WCs zu verstecken; dort hätten die Beiden nicht gesucht. Bollinger telefonierte sofort nach Andelfingen, er bat mich, als Zeuge gut aufzupassen. Er hielt dem dortigen Gerichtspräsidenten die Sache vor. Dieser bestätigte die Geschichte als zutreffend, er habe aber nicht «Onkel Franz», sondern «Kaiser Franz» gesagt. Die Sache gelangte an die Öffentlichkeit. Einige Monate später wählten die Stimmberechtigten des Bezirkes Andelfingen ihren Gerichtspräsidenten ab.

8. Schiedsgerichtsbarkeit

Als Oberrichter war ich einige Male als Schiedsrichter tätig. Mit anderen Worten, auch später – ausser zu Zeiten als Bundesrichter, nachdem diese Tätigkeit für aktive Mitglieder des Bundesgerichtes untersagt war – wurde ich wiederholt als Präsident oder Mitglied von Schiedsgerichten angefragt. Schiedsgerichte sind aus dem Rechtsleben der Schweiz kaum mehr wegzudenken. Sie sind vor allem in Zürich und Genf vertreten. Es sind fest etablierte oder ad hoc-Schiedsgerichte. Sie sind als nationale oder internationale Schiedsgerichte tätig. Sie können Urteile mit derselben Wirkung wie staatliche Gerichte fällen. Ich habe die Vorteile der Schiedsgerichte wiederholt erlebt und schätzen gelernt. Ein grosser Vorteil liegt darin, dass die Parteien die Richter selbst ernennen können. So kann nicht nur auf die branchenspezifischen Spezialitäten sowie die fachlichen Fähigkeiten und Kenntnisse Rücksicht genommen werden. Mitglieder von Schiedsgerichten sind in der Regel besonders qualifiziert und dem Durchschnitt der staatlichen Richter fachlich überlegen. Auf den Beizug von Sachverständigen (Experten) kann fast stets verzichtet werden. Schiedsgerichte gewährleisten sodann erhöhte Diskretion. Punkto Beschleunigung sind sie im Vorteil (kürzerer Rechtsmittelweg, eingeschränkte Kognition der Rechtsmittelinstanz). Sie können direkte Beweiserhebung auch im Ausland vornehmen und eine eigene Verfahrensordnung erlassen; in der Regel ist die Anerkennung und Vollstreckung der Urteile gesichert (New Yorker Übereinkommen). Wenn als Nachteile die gegenüber der staatlichen Gerichtsbarkeit höheren Kosten genannt werden, so wird dieser Nachteil durch die Vorteile der Schiedsgerichte vielfach aufgehoben. Einen Vorteil erlebte ich vor allem darin, dass ein Schiedsgericht flexiblere Anordnungen und Urteile treffen kann. Schiedsgerichtsbarkeit wird bisweilen mit einer Mediation verbunden. Ich machte dabei jedoch keine guten Erfahrungen, zu sehr unterscheiden sich die beiden.

Ist Schiedsfähigkeit gegeben, sollte noch vermehrt die Schiedsgerichtsbarkeit in Erwägung gezogen werden. Dies gilt auch für mittelgrosse Streitwerte.

9. Bundesgericht – Antognini – Rouiller-SchKG

Im Jahre 1986 erklärte der aus Zürich stammende Bundesrichter Robert Levi (SP) den Rücktritt. Die Proporzverhältnisse für die Verteilung der Sitze im Bundesgericht waren unklar. Es kandidierten für zwei Vakanzen vier Kandidaten. Am Wahltag hatten wir die Sitzung in der Verwaltungskommission des Obergerichtes. Bis spätestens 09.30 Uhr sollten die Würfel in Bern gefallen sein. Es wurde 10.00 und 10.30 Uhr, die Nervosität stieg, infolge der langen Dauer glaubte ich nicht mehr an meine Wahl. Ich hielt es in Zürich nicht mehr aus. Knapp erwischte ich den 11.00-Uhr-Zug nach Bern. Aus meinem Taschenradio, Handys gab es noch nicht, erfuhr ich bei der Passage von Burgdorf, ich sei als einziger im ersten Wahlgang gewählt worden. In Bern erwartete mich am Bahnhof eine Delegation unter der Leitung von Nationalrat Dr. Konrad Basler und führte mich zum Bundeshaus. Von dort telefonierte ich zuerst meiner Frau nach Winterthur. Sie wusste schon von meiner Wahl, Christoph Blocher, damals Nationalrat, hatte ihr schon aus dem Bundeshaus angerufen. Dort erfuhr ich übrigens, dass im zweiten Wahlgang auch Oberrichter Heinz Aemisegger aus Schaffhausen gewählt worden war. Freude herrschte.

Als «Hamburger» wurden wir der I. öffentlich-rechtlichen Abteilung zugeteilt. Diese war mir nicht ganz fremd.

Denn schon seit acht Jahren war ich vornehmlich bei dieser Abteilung nebenamtlicher Bundesrichter. Im Jahre 1978 misslang nämlich ein voller Einsitz ins Bundesgericht. Die SVP-Fraktion meiner Partei zog mir aus jurapolitischen Gründen einen Südjurassier vor. Ich wurde als Ersatzmann zum Trost als Ersatzbundesrichter gewählt. Als solcher wurde ich vor allem in dieser Abteilung eingesetzt, die damals überlastet war. Eine Vereidigung fand vor dem Bundesgericht statt. Der damalige Generalsekretär begann mit der Vorlesung der Gelöbnis-Formel. Der Vorsitzende, Bundesgerichtspräsident Prof. Oskar Konstantin Kaufmann, schrie dazwischen «De Spühler schwört doch!» Der Generalsekretär lief feuerrot an, packte die Gelöbnisformel ein und begann neu die Eidesformel zu verlesen. Kaufman war ein sehr guter Gesamtgerichtspräsident. Er war jedoch sehr konservativ; als eine Gerichtsschreiberin in einem schicken schwarzen Hosenanzug zu einer öffentlichen Beratung erschien, platzte er heraus: «Frauen tragen doch Röcke». Er verschob den Sitzungsbeginn um eine Stunde und schickte die Gerichtsschreiberin an die nahe Rue de Bourg in ein Modegeschäft. Sie sei doch keine Serviertochter, kommentierte diese.

Die I. öffentlich-rechtliche Abteilung war bei meinem Volleinstieg vom umsichtigen und sehr arbeitsamem Neuenburger Jean-François Egli hervorragend präsidiert und umfasste ausgezeichnete Richter wie Fulvio Antognini und Claude Rouiller. Ich war nicht unglücklich, dass die vielen Raumplanungs- und Baufälle von Alfred Kuttler, Thomas Pfisterer und Heinz Aemisegger bearbeitet wurden. Für die Waldfälle war Rudolf Matter als Instruktionsrichter zuständig. Diese Bereiche sind zwar ebenfalls wichtig. Sie gehören jedoch nicht zu den juristischen Rosinen. So oblagen mir die prozessrechtlichen Beschwerden sowie diejenigen aus den Bereichen Rechtsgleichheit, Meinungsäusserungsfreiheit und Glaubens- und Gewissensfreiheit. Dies war für mich weit faszinierender. Auch etwelche italienischsprachige Fälle wurden mir zur Referierung zugeteilt. Zwischenhinein einen Raumplanungs- oder Baufall zu bearbeiten, war eine willkommene Abwechslung. Bei mehrtägigen Augenscheinen übernachteten wir aus Gründen der absoluten Unabhängigkeit stets entfernt vom Ort des Augenscheins.

Bei einem solchen erlebte ich die Helikoptertaufe. Anderweitig konnten wir den Ort des Streitgegenstandes auf der Höhenrhon im Kanton Schwyz gar nicht erreichen. Bei einem anderen Augenschein konnte ich erleben, wie Kollegen, die nur das Stadtleben kennen, mit Kühen nicht umgehen können. Einer fuchtelte mit seinem Stock auf der Weide gegen das Vieh, dieses wandte sich bedrohlich gegen den Bundesrichter, der aus Angst davonlief, dabei hinfiel und schlussendlich durch den Bauern, auf dessen Land der Augenschein stattfand, gerettet wurde. Geschehen in Flims-Schaia.

Ein weiterer Augenschein erfolgte in der Stadt Chur. Dort ging es um die Fassade der Hauptpost. Diese sollte neu in blau (Metall) gehalten werden. Das gab eine eigenartige Blauwirkung auf die benachbarten Häuser, u. a. auf die Räumlichkeiten eines Dermatologen. Dessen Apparate und Mikroskope wurden durch dieses unnatürliche Licht beeinträchtigt. Er gelangte bis vor Bundesgericht. Dieses wie jedoch seine Beschwerde ab, weil er auf die seinerzeitige kommunale Bauausschreibung untätig geblieben war. Eines lehrt diese Geschichte: Das Baurecht ist prozessual kompliziert, der prozessuale Punkt bedarf grösster Sorgfalt.

Von erheblich nachhaltiger Wirkung war ein Augenschein im «Odeon» am Bellevue in Zürich. Das «Odeon» war mir wohlbekannt. Es war ehemals ein typisches Wiener Kaffeehaus. Dort verkehrten Künstler und Schauspieler.

Ins Odeon am Bellevueplatz in Zürich gingen wir als Gymnasiasten. Man konnte dort fast während eines Nachmittags bei einem einzigen Kaffee sitzen und gegen eine kleine Münze vom Kellner ein Glas Wasser serviert erhalten. Wir diskutierten dort während Stunden mit Schauspielern wie Heinz Woester, Ernst Ginsberg oder Margret Carl. Die Wände zierten prächtige Medaillons und Reliefs mit vorwiegend antiken Sujets. Das Odeon nahm das ganze Parterre des «Usterhofs», wie das Gebäude an der Ecke Limmatquai/Rämistrasse beim Bellevue benannt ist, ein. Doch es war zu weitläufig um rentabel zu sein; auch hatten ihm die 68-er-Unruhen, während denen es zeitweise das Befehlszentrum der Krawallanten war, geschadet. So wurde das Café verkleinert und nach dem westlichen Teil des Parterres verbannt. An der attraktiveren anderen Ecke zog eine Modeboutique ein. Es blieb aber die denkmalbehördliche Verpflichtung auf den Weiterbestand des wertvollen Wandschmuckes. Es ging darum, dass jedermann diesen einsehen konnte. Dies behinderte jedoch die Verkaufstätigkeit erheblich. Die Umkleidekabinen waren mobil und standen mitten im Raum. Sie waren nicht uneinsehbar. Die Eigentümerschaft forderte von der städtischen Denkmalpflege die Aufhebung des Schutzes der Wandverzierungen. Der Fall kam schliesslich vor das Bundesgericht. Ich wurde zum Referenten bestimmt. Meine Kollegen in Lausanne forderten eine bessere Dokumentation. Darauf beauftragte ich den frisch pensionierten Zürcher Obergerichtspräsidenten Willy Hochuli, einen hervorragenden Amateurfotografen, mit dem Fotografieren der Wände im «Odeon». Er lieferte wunderbare Bilder, leider zeigten diese vor allem die schönen jungen Verkäuferinnen und weniger die Kunstwerke an den Wänden. Darauf bestand Bundesrichter Fulvio Antognini auf einem Augenschein. Dieser fand bei laufendem Betrieb des Damenkleidergeschäftes statt. Plötzlich erblickten wir den Anwalt der Eigentümerschaft zuoberst auf der schönen alten Marmortreppe, welche ehemals zur Bar im oberen Stock führte und die ebenfalls unter Denkmalschutz stand. Von dort aus konnte er ins Innere der mobilen Kabinen einsehen und den Damen beim Umkleiden zusehen. Für einen Augenblick herrschte Konsternation, dann Gelächter. Der Anwalt stieg herunter und entschuldigte sich für sein unprofessionelles Tun. Er wurde vom vorsitzenden Richter ermahnt, jedoch nicht disziplinarisch bestraft. Denn irren ist menschlich, befand die bundesgerichtliche Delegation. Die Beschwerde in der Sache wurde abgelehnt, die Medien zollten Beifall. Heute ist in den betreffenden Räumen eine Apotheke untergebracht, die Medikamentenschränke stehen nicht an der Wand. Jedermann kann den Wandschmuck einsehen und bewundern. Der Betrieb der Apotheke ist leicht erschwert. Der Denkmalschutz liegt eben im überwiegenden öffentlichen Interesse.

Einmal mehr war ersichtlich, dass Augenscheine nicht zu vernachlässigen sind. Sie erhöhen nicht nur die Erkenntnis der Gerichte, sie dienen allgemein der Akzeptanz des Urteils; letzteres nicht nur bei den Prozessparteien, sondern weit darüber hinaus. Denn die Urteile, denen sie zu Grunde liegen, haben vielmals präjudizielle Wirkung. Heute führen Bundesgericht und kantonale Gerichte praktisch keine Augenscheine mehr durch. Die besten Akten, Pläne und Fotografien vermögen oft keine genügend genauen Erkenntnisse zu geben; die Sachverhaltsfeststellungen der Vorinstanzen sind bisweilen fehlerhaft, sogar willkürlich. Dies habe ich nicht selten bei

Augenscheinen im Waldbereich erlebt. So bei einer angeblichen Christbaumkultur in Oberägeri. Es ergab sich beim Augenschein, dass dort eben keine Christbäume, sondern höhere Tannen heranwuchsen, weshalb eine Rodungsbewilligung erforderlich war. Der wahre Sachverhalt wurde erst dank des Augenscheins festgestellt. Ähnlich war es bei einer umstrittenen Waldzusammenlegung im aargauischen Reusstal. Dort hatten die Vorinstanzen aus den Plänen nicht genau ersehen können, dass es sich teilweise um für die Forstwirtschaft wenig wertvollen Auenwald handelte. Dieser entscheidende Punkt wurde erst am bundesgerichtlichen Augenschein festgestellt. Ein sogar mehrtägiger Augenschein erfolgte in der Lenzerheide. Der dortige Bauboom und das weitgehende Unvermögen der kommunalen Behörden, hatten zu einer eigentlichen Notsituation geführt. Diese veranlasste den Regierungsrat des Kantons Graubünden zu einer Notbauordnung samt Notzonenplan, die beim Bundesgericht angefochten wurden. Bei den Augenscheinen zeigte es sich, dass die Sachverhaltsfeststellungen der kantonalen Instanzen – diese hatten eben eiligst handeln müssen – teilweise geradezu willkürlich waren. Die korrigierenden Feststellungen des Bundesgerichtes brachten Ruhe, Ordnung und Akzeptanz in die ganze Region. Auch dabei zeigte sich, dass es von erheblichem Nutzen wäre, wenn das Beweisinstitut «Augenschein» eine gewisse Wiederaufwertung erleben würde. Dies würde der richtigen Rechtsanwendung und vor allem der Akzeptanz der Urteile dienen.

Der Vorsitzende der I. öffentlich-rechtlichen Abteilung, Jean-François Egli, war wie erwähnt ein hervorragender Präsident. Dank ihm gelang es der ganzen Abteilung, die damals erheblich zunehmende Zahl der Eingänge zu bewältigen. Er nahm sich kaum Zeit für Arbeitspausen und war ständig in seinem schönen Büro im zweiten Stock an der Südostecke des magistralen Mon Repos anzutreffen. Man konnte ihn oft nach 21.00 Uhr im Büro überraschen, kniend am Boden, zwischen dort liegenden Dossiers, mit einem Metakocher sein Nachtessen zubereitend. Obschon er am frühen Morgen schon bei der Arbeit war, konnte er dort beim Zubereiten des Mittagsmahls nachmittags gegen drei Uhr angetroffen werden. Es blieb keine Zeit zu einer Mittagspause. Er kannte die Stärken der sechs Mitglieder seiner Abteilung bestens, was ihm half, die Dossiers vorzüglich zu verteilen und die konkreten Spruchkörper sachgerecht und ausgewogen zusammenzusetzen. Dabei berücksichtigte er feinfühlend die Regionen des Landes, die Sprachen und Konfessionen der Richter und deren gesellschaftlich-politischen Hintergrund. Auf die Geschlechter konnte er aber mangels Richterinnen in der Abteilung nicht Rücksicht nehmen; so setzte er wenigstens Gerichtsschreiberinnen ein.

Zu Claude Rouiller hatte ich ein sehr gutes fachliches und menschliches Verhältnis. Er war Sozialdemokrat, gesellschaftspolitisch zwar weg von mir. Aber er war Walliser und als solcher freiheitlich gesinnt und kritisch gegen übermässige Macht von Staat, Verwaltung und Kirche. So fragte ich ihn einmal bei einem Grundstückprozess, weshalb er bei dergleichen Prozessen stets gleicher oder ähnlicher Ansicht – z. B. bei der Auslegung des Verhältnismässigkeitsprinzips bei Eingriffen ins Grundeigentum wie ich sei. Er antwortete, im Wallis sei eben fast jede Familie Grundeigentümer, sie besässen zumindest ein sogenanntes «Hosenträger»-Grundstück (lang und schmal), in der Regel kraft Erbteilung. Das sei von erheblicher Bedeutung für Familie und Gesellschaft sowie für das Abstimmungsverhalten. Wenn es um die Meinungsäusserungsfreiheit ging, hatten wir keine Differenzen. Er nahm sodann den «Habeas Corpus» sehr ernst. Als es um die Beschwerde eines elffachen Mörders und Ausbrechers wegen Menschenrechtsverletzungen und um seine Gefängnis- bzw. die Haftbedingungen ging, u. a. vor allem um seine angeblich EMRK-widrige zu kleine Zelle im Genfer Gefängnis Champ-Dollon, wollte Referent Rouiller zu Recht nicht einfach auf die Vernehmlassung der Gefängnisverwaltung abstellen. So fuhren wir nach Genf. Rouiller vermass die aus Sicherheitsgründen leere Zelle eigenhändig: 7,6 Quadratmeter, gefordert wurden damals für Einzelhaft deren 7,5. Zu prüfen waren jedoch darüber hinaus sämtliche Haftbedingungen. Eine Stunde im Tag durfte der Beschwerdeführer an die frische Luft. Im Gefängnishof war dies zu gefährlich. Deshalb wurde ein Käfig auf das Dach des Hauses gebaut und dieses mit einem Ball sowie mit Hanteln versehen. Dies sollte einen minimalen sozialen Kontakt ermöglichen. Doch kein Mitgefangener wollte gleichzeitig mit dem Beschwerdeführer dorthin. Auch einem Gefängniswärter war das nicht zumutbar. Wir suchten dies dem Häftling zu erklären, in einem kleineren Saal des Gefängnisses, geschützt von vier schwer bewaffneten Polizisten. Unsere Mühe war umsonst.

Kurz darauf hatte die Abteilung den berühmten Kruzifix-Fall aus Cadro /TI zu beurteilen. Dieser warf in der Öffentlichkeit erhebliche Wellen auf. Referent war Claude Rouiller. In Cadro war in den Unterrichtszimmern der Primarschulen unmittelbar links der Wandtafeln je ein rund 1,3 Meter messendes Kruzifix mit Corpus angebracht. Das zuständige Organ der Gemeinde forderte vergebens deren Entfernung. Die Gemeinde Cadro gelangte mit staatsrechtlicher Beschwerde ans Bundesgericht. Sie berief sich auf die damals in der Verfassung verankerte Neutralität des Primarunterrichtes. Nach einer langen

Ernst und kritisch

Auseinandersetzung stimmte die Kammer dem Antrag von Claude Rouiller knapp zu und ordnete die Beseitigung der Kruzifixe an. Die Urteilsschelte folgte mit voller Wucht. Vor allem eine gewisse Presse tobte. Es kam zu wüsten Drohungen. In gewissen Geschäften, in denen man mich kannte, wurde ich zeitweise nicht mehr bedient. Kurz darauf fand die Wiederwahl des gesamten Bundesgerichtes in der Vereinigten Bundesversammlung statt. Dabei wurden die drei «Kruzifix-Sünder» Egli, Rouiller und ich abgestraft. Wir erzielten deutliche Stimmenverluste gegenüber den anderen Gerichtsmitgliedern. Das konnte ich ertragen. Was aber ärgerlich war, keine Zeitung, kein Parlamentarier, niemand wies darauf hin, dass es um die in der damals gültigen Bundesverfassung fest verankerte allseitige Unabhängigkeit der Volksschule drehte. Es handelte sich um eine Gemeindeautonomiebeschwerde, bei welcher das Bundesgericht nur Willkürkognition hat. Oder lag der Grund für das nicht sehr begreifbare Tun etwa darin, dass es sich um einen italienischsprachigen Entscheid handelte; die dritte Landessprache ist eben noch nicht das Englische. Auch erfreulichere Dinge konnte ich damals erleben. So liessen wir in den Bündner Alpen ein kleines Bergbeitzli (Jackys Beitzli) trotz seiner Lage weit ausserhalb der Bauzone stehen, weil es zwar nicht praxisgemäss unmittelbar neben der Bergstation einer Seilbahn, aber hundert Meter entfernt davon stand, um die wunderbare Aussicht zu gewährleisten. Volle zwei Jahre nach dem Augenschein sprach mich auf der Strasse in Zürich ein einfacher Mann an und dankte mir herzlich für das Urteil. Er erkannte mich, er war bei unserem Augenschein dort Gast gewesen.

Besonders gefordert waren sodann alle sieben Mitglieder der I. öffentlich-rechtlichen Abteilung mit dem Appenzeller Frauenstimmrechtsfall. Es war rechtspolitisch ausgesprochen heikel, im letzten Kanton die Einführung des Frauenstimmrechts richterlich anzuordnen. Denn es handelte sich überdies um die Verfassung eines Landsgemeinde-Kantons. Nur bei Einstimmigkeit konnte allgemeine Akzeptanz des unüblichen und gewagten Eingriffes durch die dritte Gewalt erwartet werden. Dies gelang, es soll aber intern viel Überzeugungsarbeit erforderlich gewesen sein.

Ein Richter mit viel Eigenwilligkeit war wie Rouiller Fulvio Antognini. Die beiden waren verschieden, doch hatten sie etwas Geniales an sich. Antognini war sehr sprachbegabt. Er hatte eine gute Spürnase für Unregelmässigkeiten und verstecke Details. Bis spät nachts kämmte er vor Sitzungstagen die Akten durch und überraschte das Gericht an der Sitzung mit seinen Erkenntnissen. Ich hatte keinen schlechten Draht zu ihm. Weshalb? Als ich als nebenamtlicher Richter an einem seiner Fälle aus dem Tessin mitwirken musste, verstand ich einen Satz nicht; zwei Wörter fanden sich in keinem Spezialwörterbuch. So entschloss ich mich, schon am Nachmittag vor dem Sitzungstermin nach Lausanne zu fahren und ihn wegen dem Sinn des m.E. entscheidenden Satzes zu fragen. Er erläuterte mir die Sache, er habe - absichtlich - den alt tessinischrechtlichen Ausdruckes verwendet. Er fügte bei, ich sei der einzige ehrliche Mensch der Gerichtsbesetzung vom folgenden Tag. Die anderen würden die Angelegenheit auch nicht recht verstehen, sie fragen ihn jedoch nicht. Typisch Signor Fulvio. Ich hatte seine Zuneigung auf Dauer. Er glaubte bisweilen, er sei der «Justiz-König» des Kantons Tessin. So zeigte er sich unwillig, wenn der Präsident der Abteilung von Zeit zu Zeit einen Tessiner Fall einem anderen Mitglied der Abteilung zum Referieren zuteilte. Vor allem traf dies bei Fällen aus Bellinzona zu, der engeren Heimat von Fulvio Antognini. Zwar ist besondere Orts- und Sachkenntnis kein Ausstands-Grund, doch ist es bisweilen besser, wenn ein Referent aus einer anderen Region als Referent tätig ist. Dies war auch bei einem heiklen Fall aus dem Sektor Raumplanung nach Ansicht von Präsident Egli der Fall. Deswegen bestimmte er mich dazu. Angesichts der Bedeutung des Falles war öffentliche Beratung angesagt. Vor versammeltem Plenum (fünf Richter), den anwesenden Pressevertretern und einem hergereisten interessierten Publikum verlas ich meinen Urteilsantrag mit Begründung. Dagegen erhob Antognini zwar keine formellen oder materiellen Einwendungen. Er referierte jedoch zum Fall im Detail, wiederholte sich, erhob sich von seinem Sessel und lief gestikulierend im ganzen Gerichtssaal herum. Der Spuck dauerte schon über eine Stunde, männliglich wurde unruhig, besonders der Vorsitzende, doch Anognini referierte und referierte. Da fragte plötzlich Präsident

Egli «Est-ce-que le juge Spühler a mal compris le dossier?». Antognini war sofort ruhig und kehrte auf seinen Sessel zurück. Ein psychologisch meisterhaftes Vorgehen des Vorsitzenden.

Gerne machte ich mit Fulvio Antognini Augenscheine (Sopraluogi) im Tessin. Er zog bisweilen eine halbe Dorfschaft an, man kannte ihn und sein Kommen sprach sich mit Windeseile herum. Er kannte die ausgezeichneten Grotti, in denen er jeweilen «Costini con Polenta» bestellte, selbstverständlich mit einem guten »Vino rosso della regione». Einmal war die landschaftliche Erscheinung der Magadinoebene Gegenstand des Verfahrens. Sie war nicht mehr grün, sondern weitgehend überstellt mit Gewächshäusern aus Plastik für den Gemüseanbau. Der Wind zerzauste häufig die Plasikbauten. Die schöne Ebene war kaum mehr zu erkennen. Ein Augenschein war angesagt. Dieser wurde aus praktischen Gründen gemischt italienisch/deutsch durchgeführt. Auf halber Höhe zum Ceneri-Pass besteht eine wunderbare Aussicht auf die Magadinoebene. Dort trafen sich unter Leitung von Bundesrichter Fulvio Antognini Gemüseproduzenten und Grundeigentümer mit ihren Anwälten sowie Vertreter des Heimat- und Landschaftsschutzes. Die Parteivertreter nahmen ihre Mitarbeiter und ihre Töchter und Söhne zum interessanten Augenschein mit. Gesamthaft waren rund dreissig Personen anwesend. Antognini liebte diese «Versammlungen». Er blühte auf. Es wurde plädiert. Plötzlich platzte er temperamentvoll heraus: «Ich habe genug von diesen Parisern da unten.» Konsternation, dann Gelächter. Ein Anwalt ermahnte seine mitlachende Tochter, eine Jusstudentin. Diese replizierte: «Sono già diecinove anni, mio papa.» Nochmals Gelächter.

Ruhiger zu ging es bei Augenscheinen mit Stefano Ghiringhelli, nebenamtlicher Bundesrichter, Anwalt in Bellinzona und Titularprofessor an der Universität Bern. Mit ihm machte ich manche Augenscheine, wenn ich in italienischsprachigen Verfahren Referent war. Er liebte es, von Lausanne und Zürich zu hören. Auch unterstützte er mich treffend in «Tessin-inside Angelegenheiten». Die Augenscheine setzten wir jeweilen auf Montag an. Er lud mich dann zum Nachtessen am Sonntagabend ins Gambarognio ein. Dazu gesellten sich seine Ehefrau und seine hübsche Tochter Camilla. Einmal fuhren wir tags darauf mit seinem Porsche hinauf nach Bosco Gurin. Dort wurde vom Regierungsrat des Kantons Tessin eine Waldrodung, die zum Zweck der Durchführung von Skirennen hätte vorgenommen werden sollen, verweigert. In Bosco Gurin angekommen, fragte ich:«Dove sono i larici». Denn ich sah am Hang keine Lärchen. «Sono già tagliati», war die Antwort des Syndaco. Wir waren perplex. «La procedura est devenuta senza oggetto», antwortete ich etwas verstimmt. Wir fuhren nach Locarno, wo wir unseren Ärger mit einem ausgezeichneten Mittagessen begruben. Sechs Stunden dauerte die Fahrt zurück nach Lausanne.

Auch im Bundesgericht mangelte mir anfänglich das SchKG. Freudig überrascht war ich deshalb, als der Präsident des II. Zivilkammer, Philippe Junod, anlässlich einer Vakanz in seiner Kammer mich aufforderte, bei ihm Einsitz zu nehmen. Das SchKG war damals eine eigene Kammer, jedoch organisatorisch in die II. Zivilkammer integriert, an deren Geschäften ich ebenfalls mitwirken musste. So bei erbrechtlichen Angelegenheiten. Besondere, auch öffentliche Bedeutung kam dabei der in der Presse stark begleiteten Zuteilung des «Mingergutes», des Hofes von Bundesrat Rudolf Minger, zu. Ich sagte dem Wechsel zu, denn das SchKG lockte mich und ich hatte genug von den Angriffen und den Widerwärtigkeiten wie beim

Kruzifix. Präsident Philippe Junod war ein hoch intellektueller feiner Mensch, aber er war zugleich Waadtländer und geprägt von seiner Tätigkeit als ehemaliger Landgerichtspräsident. Ich konnte im SchKG voll wirken und hatte mit Heinz Pfleghard einen ausgesprochen fähigen und sehr vertrauenswürdigen Gerichtsschreiber zur Seite. So war es uns möglich, die vorwiegend infolge der wirtschaftlichen Rezession ungefähr um satte 200% angestiegene Geschäftslast zu bewältigen. Neben gewöhnlichen SchKG-Beschwerden hatten wir uns vor allem mit Nachlassangelegenheiten zu befassen. Das Nachlassverfahrensrecht war damals vor allem in der Deutschschweiz relativ wenig bekannt und kaum gefestigt. Dies war aber für uns eine Chance, wir konnten so die anstehende Revision des SchKG durch unsere Rechtsprechung beeinflussen und das Nachlassverfahren auch in der Deutschschweiz schmackhaft machen. Von erheblicher Brisanz war das Recht der Ehescheidung, das damals revidiert wurde und das am 1. Januar 2000 in Kraft trat. Endlich wurden die fast unmenschlichen Zustände des bestehenden überholten Verschuldensscheidungsrechtes und dessen Auslegung weitgehend beerdigt.

«Mit dem kleinen Finger» übte ich daneben das Präsidium der Anklagekammer aus. Dazu gehörte damals auch die Telefonüberwachung in Angelegenheiten des Bundesstrafrechtes. Seltener war der Fall einer Anklagezulassung in Bundesstrafsachen, für die heute das Spezialgericht in Bellinzona zuständig ist. Uns beschäftigte damals insbesondere die Anklage gegen Bundesrätin Elisabeth Kopp. Derart ungenügend war die ursprüngliche Anklageschrift, dass sie erst nach Verbesserungen zugelassen wurde. Das war der Anfang des Freispruches der Angeklagten.

Gesellschaftlich lief damals am Bundesgericht noch mehr als heute, was der Kollegialität diente, jedoch beileibe nicht ausnahmslos. Monatlich war ein Damenanlass für Partnerinnen der Bundesrichter angesagt. Dieser fand mit der zunehmenden Wahl von Bundesrichterinnen logischerweise sein Ende. Der Damenanlass spielte für das Gericht eine gewisse Rolle. Die Damen trugen viel zur Freundschaft bzw. zur Kameradschaft unter den Bundesrichtern bei. Die Institution war wichtig für den Zusammenhalt des Gerichtes. Allerdings mit einer gefährlichen Ausnahme: Eine Dame sagte einmal zur anderen: «Quel mari vous avez?» Man wusste, dass dieser das Leben mit allen seinen Freuden (allzu) sehr genoss. Der Ausspruch führte zu einem Fast-Skandal ...

Zum Schluss ein sehr ernstes Wort: Heute werden selten mehr öffentliche Beratungen durchgeführt. Zwar liegt dies vor allem an der hohen Geschäftslast. Zu sehr wird das Bundesgericht von Bagatellfällen überschwemmt. Es wäre dringend Sache des Gesetzgebers, hier eine durchaus mögliche Lösung zu finden. Wenn ich zurückdenke, so ergaben sich die guten und nachhaltigen Entscheide vor allem aus öffentlichen Beratungen. Beispielsweise wurde die Koordinationspflicht bei grossen Bauvorhaben erst nach langwierigen mündlichen Beratungen geschaffen. Bei der gesellschaftspolitisch sehr umstrittenen «fécondation artificielle» gilt dasselbe. Der berühmte Appenzeller Frauenrechtsstimmrechtsentscheid und vor allem seine Begründung beruht auf einer solchen Beratung in aller Öffentlichkeit. Zudem wird die Akzeptanz der Urteile auf Grund einer öffentlichen Beratung erheblich gesteigert. Diese Komponente wirkte sich allgemein positiv auf das Ansehen der Justiz aus. Das Bundesgericht darf nicht länger in alltäglichen Bagatellfällen ersticken.

10. Ruf an die Universität Zürich

Ich arbeitete im Jahre 1994 an einem frostigen Januarabend im Mon Repos, was sollte ich allein in Lausanne anderes tun? Da schrillte das Telefon. Mit meiner Frau und den Kindern in Winterthur hatte ich doch vor zwei Stunden gesprochen. Mich rief Professor Niklaus Schmid von der Universität Zürich an und überfiel mich: «Willst du nicht den Lehrstuhl für Zivilprozessrecht sowie Schuldbetreibungs- und Konkursrecht sowie Privatrecht übernehmen?» Wir geben dir zehn Tage Bedenkzeit. Mir war meine Zusage sofort klar. Ich rief zu später Stunde meiner Frau an, die hocherfreut über meine allfällige Rückkehr nach Zürich und Winterthur war. Wie es sich schickt, gab ich meine Zusage nicht sofort, sondern verzögert ... Ich erfuhr dann, dass mich die Fakultät auf den ersten Platz für die vakante Professur gesetzt hatte. Doch dann herrschte Stille. Während langen Monaten. Dann erfuhr ich von einem Fakultätsmitglied, das ich zufällig traf, dass der Ruf der Fakultät leider zweimal gescheitert sei. Wieder vergingen Monate der Stille. In Zürich traf ich ebenfalls zufällig – ein volles Jahr nach der Anfrage von Niklaus Schmid – den damaligen Zürcher Regierungsrat und Bildungsdirektor Alfred Gilgen, den ich lose kannte. Er nahm mich zur Seite und erklärte mir, er habe nun gemerkt, dass der Widerstand der für die Sache zuständigen Hochschulkommission, vor allem einem ehemaligen Vorgesetzten von mir nicht gutartig sei, er habe dieser die Angelegenheit entzogen, die Fakultät wolle und brauche mich, er bringe die Sache direkt in die Regierung. Zwei Wochen darauf rief er mich in Lausanne an und teilte mir mit, der Regierungsrat habe mich einstimmig gewählt. Erst darauf erfuhr ich immer mehr, dass der Ursprung des Widerstandes beim ehemaligen Winterthurer Stadtpräsidenten Urs Widmer lag, der Mitglied der Hochschulkommission war. Einzelheiten seiner persönlichkeitsverletzenden und mit der Wahrheit nicht zu vereinbarenden Vorwürfe, traten zusehends ans Tageslicht. Ein Verwandter von Widmer, der bestens orientiert war, meldete sich spontan bei mir und zeigte sich schockiert über das Geschehene. Ich wurde wiederholt – nicht nur von Freunden – zur Klage gegen Widmer aufgefordert. Doch ich schwieg.

Die ältere Tochter Claudia freute sich als zukünftige Juristin über meine Rückkehr nach Zürich. Hier mit ihrem späteren Ehemann Felix Martin

11. Universität Zürich – Prüfungen – Dissertationen – Publikationen

Der Einstieg in die Tätigkeit an der Universität gelang meines Erachtens gut. Die Hörerzahlen stiegen stets. Ganz fremd war mir die Lehrtätigkeit nicht, schon zuvor hatte ich bei etwelchen Lehraufträgen Erfahrungen sammeln können. Auch die wissenschaftliche Tätigkeit war mir nicht neu, meine Publikationsliste liess sich schon damals sehen.

Auf die richterliche Tätigkeit musste ich nicht ganz verzichten, denn ich wurde vom Zürcher Kantonsrat gleichzeitig als Mitglied des Zürcher Kassationsgerichtes gewählt; dies nicht etwa auf Vorschlag meiner Partei, sondern dank dem Antrag dessen Gerichtspräsidenten, des hervorragenden Juristen Dr. Guido von Castelberg. Von dieser gerichtlichen Tätigkeit konnte ich viele Fälle für die universitären Übungen – und für meine fortbestehende Tätigkeit in der Anwaltsprüfungskommission – übernehmen. Das Kassationsgericht zwang das Obergericht, vor allem das Handelsgericht, zu besserer Einhaltung des Verfahrensrechtes. Es sollte vor allem sorgsamerer Gebrauch von der antizipierten Beweiswürdigung gemacht werden. Diese Problematik lag ausgesprochen in meinem Bereich; ich vertiefte diesen Punkt speziell an der Universität. Die jahrzehntelange Erfahrung lehrte mich zwar, dass Verfahrensrecht nur dienendes Recht bildet, dass es aber für das Finden der Wahrheit unentbehrlich ist. Vor allem meine Übungen fanden den Zuspruch von stets mehr Studierenden. Der über mehr als dreihundert Plätze verfügende grosse «Hörsaal am Häldeliweg» war überfüllt, viele mussten am Boden Platz nehmen. Die ZPO-Übungen waren als «High Lights» weiterum bekannt. Die Zahl der an einer Dissertation bei mir Interessierten wuchs. Neben Themen der nationalen (die Schweizerische Zivilprozessordnung trat erst 2011 in Kraft) waren zunehmend solche aus dem internationalen Zivilprozessrecht beliebt. Daneben war das SchKG gefragt, vor allem die Neuheiten der SchKG-Revision von 1995. Ein Höhepunkt meiner Tätigkeit an der Universität waren die «Wildhauser Seminare». Wir waren jeweilen in Wildhaus für fast eine Woche. Diese Zusammenkünfte im dortigen «Hirschen» waren für die Studierenden und für mich neben dem rein Fachlichen von kaum ersetzbarem Nutzen, wir lernten uns besser kennen. Zum Abschluss ging es aufs Gamplüt, einer Maiensäss oberhalb Wildhaus. Dort gab es neben einer Toggenburger Spezialität zur allgemeinen Überraschung nächtliche Alphornklänge. Eine angehende Juristin oder ein rechter Jurist müssen auch diese Seite der Heimat kennen; denn es gilt zu erkennen, dass es um das Verständnis des typisch schweizerischen Zivilprozessrechtes mit seinen eigenständigen Wurzeln geht.

Ich hatte teilweise sehr gute Assistenten. Allen voran ist Dominik Vock, der spätere Präsident des Zürcher Anwaltsverbandes, zu nennen, der mir bei den Übungen und der Korrektur von Prüfungen sowie bei der Erstellung von Gutachten weit mehr als ein blosser Helfer war. Er hatte viel Verständnis für meinen Humor, welchen er noch potenzierte. Auch das ist wichtig für die Studierenden … Mühsam gestalteten sich die Prüfungen. Dies hatte den Grund vor allem in der steigenden Zahl der Studierenden. Bei den schriftlichen Prüfungen war dies weniger ein Problem, hatte ich doch erhebliche Unterstützung bei der Korrekturarbeit; ich liess mir vorab die «Kantenfälle» (genügend/ungenügend) zur Kontrolle zeigen. Dabei stellte ich allgemein eine zunehmende Verluderung der deutschen Sprache fest. Die Sprache gehört fest zur Jurisprudenz, weshalb ich hier insistierte und sie auch bei der Bewertung miteinbezog. Mehr Mühe bereitete dem ganzen Lehrstuhl die Abnahme der mündlichen Prüfungen. Sie beanspruchten mich tagelang, alle 20 Minuten eine neue Kandidatin oder ein neuer Kandidat. Mich ärgerte die grassierende Mittelmässigkeit, Höhenflüge waren rar. Wie hatte mich doch der Klassenlehrer im Gymi einst ermahnt: « Je déteste la médiocrité !».

Binnen sieben Jahren wurden 31 Dissertationen bei mir verfasst. Die Mehrheit – wie ich oben ausführte – betraf das Zivilprozessrecht, immer mehr das IZPR. Die Themen waren meistens auf die Praxis ausgerichtet; dies entsprach meinem Schwerpunkt. Immer wieder betonte ich, dass das Zivilprozessrecht in der alltäglichen Praxis dienendes Recht sei. Es freut mich, dass meine Dissertantinnen und Dissertanten heute fast alle hohe oder zumindest gehobene Stellen in der Justiz innehaben oder renommierte Rechtsanwälte sind. Einer ist Regierungsrat in einem anderen Kanton. Auch das zeigt, dass ich meine Tätigkeit an der Uni vorab als Vorbereitung für die Praxis verstand. Denn im Zentrum stand das Verfahrensrecht. Meine wissenschaftlichen Schwerpunkte und Anstösse sollten vor allem der Verbindung zur Praxis dienen. Eines gelang mir jedoch nicht, die Nach- oder Nachnachfolge von mir schon damals zu sichern. Wahrscheinlich war mein Schaffen an der Universität zu sehr praxisorientiert. Dies färbte auf die Art und den Schwerpunkt der Interessen meiner Assistentenschaft ab.

Im Zentrum der Ausbildung hat meines Erachtens nach wie vor das einheimische Prozessrecht zu stehen. Es wird zu 90 Prozent in der Praxis gefordert. Diese Einsicht hat sich neuerdings an der Universität Zürich durchgesetzt. Zu meiner Freude wurde jüngst einer meiner «Schüler» zum Ordinarius für Zivilprozessrecht in Zürich berufen.

Nicht nur an der heimischen Mater zu wirken ist befruchtend. Anregend war in jener Zeit vor allem, wenn ich an die Universität Lausanne jeweilen zu einer »soutenance de thèse« eingeladen wurde. Dies erfolgte vor allem bei SchKG-Dissertationen. Zuerst muss der Doktorand seine Doktorarbeit einer Jury und der Öffentlichkeit vorstellen, dann folgen Fragen an ihn. In der Regel wird erst anschliessend der Doktortitel verliehen ... und begossen. An grösseren Universitäten ist dies nicht möglich. Die grössere Nähe in Lausanne zur Studentenschaft faszinierte mich stets.

Mit Bezug auf die Jus-Studierenden ist festzuhalten, dass deren Zahl m.E. zu gross ist. Das Latein als Voraussetzung zum Jusstudium fehlt als «Sieb». Kaum werden alle ihrer Ausbildung adäquate Beschäftigungen finden. Zu sehr überwiegt die Mittelmässigkeit der Absolventen des Jusstudiums. Zum Teil lockt die kommerzielle Komponente zu stark. Überschwemmt wird das Jusstudium auch von jungen Frauen. Sie verschwinden teilweise rasch wieder. Sie beanspruchen jedoch die Infrastruktur und die öffentlichen Finanzen. Mehr Abmahnung der Maturandinnen und Maturanden täte hier Not.

In meine Universitätszeit fielen leider auch unschöne Erlebnisse. So meldete sich einmal telefonisch ein «Professor aus Paris», er sei in Zürich, hier sei ihm alles Geld usw. gestohlen worden, er müsse dringend nach Paris zurückfliegen, wozu er sechshundert Franken benötige, er befinde sich am Paradeplatz und hole das Geld gerne in einer halben Stunde auf meinem Lehrstuhl ab. Ich traute der Sache nicht, bat meine Assistentin Susi Pfister sofort die Polizei zu informieren. Ich musste weg, zu einer Lehrveranstaltung. Zurückgekommen, empfing man mich belustigt. Die Polizei sei sofort gekommen und in einem Kasten versteckt worden; der «Professor aus Paris» sei ebenfalls erschienen, von den Assistenten und darauf von der Polizei im Detail befragt und dann seiner Schwindelei überführt und verhaftet worden. Als ich meinen Professorenkollegen die Geschichte erzählte, merkte ich, dass nicht allseits Verdacht bestanden hatte. Auffälliges Schweigen herrschte. Nützlich ist in solchen Fällen die Lebenserfahrung, sie geht oberflächlichem akademischen Hofieren vor.

Bei der Auswahl der Assistenz achtete ich stets darauf, dass beide Geschlechter möglichst paritätisch vertreten waren. Das Betriebsklima ist besser. Einmal erwies sich dieses Prinzip jedoch als unrichtig. Ein Assistent begrapschte unversehens massiv eine Assistentin. Selbstverständlich wurde er sofort entlassen. Bei einem anderen zeigte es sich, dass trotz eines Doktortitels und einem bestandenen Anwaltsexamen noch keine Garantie für eine gute Arbeit bei einem Lehrstuhl besteht; der Betreffende war nicht fähig, einen Entwurf für einen schriftlichen Prüfungsfall zu liefern. Er musste entlassen werden. Vielleicht trug dazu bei, dass er seine Gedanken zu stark beim Rudersport hatte ...

Ein Lehrstuhlinhaber sollte auch publizieren. Neben Aufsätzen in Fachzeitschriften entwickelten wir vorerst aus Skripten die beiden Werke SchKG I (Betreibungsrecht) und SchKG II (Konkursrecht). Beide sind in gelber Farbe gehalten. Von den Assistenten erhielt ich dabei wertvolle Hilfe, so vor allem in den Anfangszeiten durch Peter Stücheli und Susi Pfister. Die beiden Lehrbücher erwiesen sich als ausgesprochen erfolgreich, sie werden heute auch in der Praxis benützt. Das SchKG I und das SchKG II sind in 8. Auflage erschienen. Stets vermehrt wurden internationale Zusammenhänge mitberücksichtigt. In der Zwischenzeit kam die Schaffhauser Obergerichtspräsidentin Annette Dolge als Mitautorin dazu, sie leistet insbesondere im Konkursrecht mit ihrer Erfahrung ausgezeichnete Dienste. Mit meiner Assistentin Claudia Meyer wurde sodann die «Einführung ins internationale Zivilprozessrecht» verfasst. Darin eingeschlossen ist das internationale Konkursrecht. Der kleine Band ist zusammen mit dem Mitautor Rodrigo Rodriguez in dritter Auflage vor zwei Jahren erscheinen. Gossen Erfolg hatte sodann der Kurzkommentar des «Gerichtssandgesetzes», den ich zusammen mit Dominik Vock als Vorläufer der eidgenössischen Zivilprozessordnung verfasste. Es folgte eine grössere Darstellung des Themas zusammen mit Luca Tenchio und Dominik Infanger im Rahmen des Basler Kommentars. Später verfasste ich das Büchlein «Gelebtes Recht», mit «Reminiszenzen aus 50 Jahren Rechtsanwendung». Während und nach meiner Tätigkeit an der Universität überwog das «Schweizerische Zivilprozessrecht mit Grundzügen des internationalen Zivilprozessrechtes». Bekanntlich führte ich das so betitelte Werk nach dem Tod von Oscar Vogel, der das sehr erfolgreiche Lehrbuch ausgesprochen übersichtlich und praxisnah konzipiert hatte, möglichst in seinem Sinne weiter. Dessen zukünftige Existenz wurde mit der zehnten Auflage gesichert, konnten doch dafür zusätzlich die beiden Zürcher bzw. Berner ZPO-Ordinarien Samuel Baumgartner und Alexander Markus gewonnen werden. Die Schaffhauser Obergerichtspräsidentin Annette Dolge sorgte für den wichtigen Praxisbezug.

Auch Fachzeitschriften sind für Theorie und Praxis von erheblicher Bedeutung. So arbeitete ich schon damals und bis heute in der Redaktion der «Praxis» mit. Dort betreue ich die Grundrechte, das Anwaltsrecht und das Schuldbetreibungs- und Konkursrecht. Die Praxis erscheint monatlich, publiziert werden vor allem in deutscher Übersetzung in die Allgemeine Sammlung der BGE aufgenommene Entscheide des Bundesgerichtes, die in französischer und italienschischer Sprache abgefasst sind. Darüber hinaus werden auch andere wichtige höchstrichterliche Urteile veröffentlicht. Gelegentlich werden Bemerkungen angebracht. Ferner wirke ich noch heute in der Redaktion des «CAN», Zeitschrift für kantonale Rechtsprechung, mit. Als gesamtschweizerisch die neue Zivilprozess- und die neue Strafprozessordnung in Kraft getreten sind, hatte die Schaffhauser Obergerichtspräsidentin Annette Dolge die Idee dazu. Die kantonalen Gerichte sollten gegenseitig das neue Prozessrecht möglichst gleich auslegen. Ausser der ZR haben die deutschschweizer Kantone, vorab die kleineren unter ihnen, keine eigene Zeitschrift. Im vierteljährlichen Rhythmus publiziert das CAN wichtige Entscheide aus den Kantonen, vor allem im Zivil- und Strafprozessrecht sowie im Schuldbetreibungs- und Konkursrecht. Nicht selten werden diese kommentiert. Manche Primeurs werden dadurch allgemein bekannt und befruchten die Rechtsprechung anderer Kantone und sogar des Bundesgerichtes. Eine dankbare Aufgabe für mich!

Während der Zeit an der Universität und auch später erfüllte ich Gutachtensaufträge und wurde um Prozessprognosen ersucht. Das Letztere ist übrigens heikel; ich versah diese nur unter Vorbehalten, denn Prozessieren ist immer unsicher, besser und sicherer ist stets ein Vergleich. Dieser ist im Prozess anzustreben. Privatgutachten sind nicht unumstritten. Sie werden nicht immer dem Prozessgericht eingereicht; dann dienen sie den Parteien zum Abwägen der Prozesschancen und der Argumentation in den Rechtsschriften. Werden sie dem Gericht eingereicht, sollen sie dieses überzeugen, nicht zuletzt dank dem fachlichen Ruf der Verfasser. Bisweilen konnte ich in Schiedsgerichten mitwirken, vor allem als Präsident. Auch bei diesen hat immer ein Vergleich primär im Fokus zu stehen.

Darüber hinaus nahm die Vortragstätigkeit etwelche Zeit in Anspruch. Sie erstreckte sich auf das Zivilprozessrecht und das Schuldbetreibungs- und Konkursrecht. Die Vorträge fanden in Zürich, Bern, Basel. St. Gallen, Fribourg, Luzern und Schaffhausen statt. Die Vorträge waren stets herausfordernd. Sie brachten mich weiter. Dies vor allem wegen der kritischen Fragen und Stellungnahmen aus dem Zuhörerkreis und den anderen Referenten. Sehr gefragt waren die Zivilprozessrechtsveranstaltungen des Europainstitutes der Universität Zürich, die unter meiner Leitung jeweils im Frühling stattfanden. Sie wurden jeweilen abgerundet von einem Tagungsband, der immer mehr international-prozessrechtliche Probleme enthielt. Komplettiert wurde diese Tätigkeit durch die Organisation von Veranstaltungen der Stiftung für die Weiterbildung von Juristen. Ich war Gründungsmitglied und präsidierte die Stiftung längere Zeit.

12. Expertenkommission Zivilprozessordnung

Gegen Ende der Universitätszeit wurde ich in die Expertenkommission für die Schaffung einer gesamtschweizerischen Zivilprozessordnung berufen. Das war eine sehr herausfordernde Zeit. Wir hatten die Aufgabe, aus 26 kantonalen Prozessessordnungen eine einzige zu machen. Das erwies sich als weitgehend unmöglich, so fassten wir schon früh den Beschluss, etwas Neues zu erarbeiten. Allerdings konnten wir auf dem brandneuen Gerichtsstandgesetz basieren. Personell hatte der Vorsteher des Justizdepartementes, Bundesrat Arnold Koller, eine sehr gute Zusammensetzung der Expertenkommission aus Professoren, Richtern und Rechtsanwälten getroffen. Auch mit Bezug auf die betreffenden Personen der Kommission traf dies zu. Für mich prägend waren vor allem der Berner Fürsprecher und Professor Jürgen Brönnimann und Rechtsanwalt Robert Rüegg aus Kriens. Einzig dem Kommissionspräsidenten fehlte ein umfassender Praxishintergrund. Beide Erstgenannten waren jedoch vorzügliche Praktiker mit gutem wissenschaftlichem Hintergrund. Die praktische Erfahrung ist besonders wichtig für das Zivilprozessrecht und bildete einen wichtigen Ausgleich zu dem, dem Bundesamt für Justiz angehörigen Präsidium des späteren Basler Professors Sutter Somm. Gegen Ende der Arbeiten oblag der Kommissionsvorsitz Fürsprecher Dominik Gasser, ebenfalls vom Bundesamt für Justiz. Damit internationalrechtlich nichts schief lief, wurde gelegentlich mit Gewinn Alexander Markus, der heutige Berner Zivilrechtsprofessor, beigezogen. Wir trafen uns allmonatlich, teils zu mehrtägigen Sitzungen. Dazwischen galt es, Spezialaufträge zu erfüllen. Leider gelang es mir nicht, allseits das liberale Zürcher Zivilrechtsverständnis durchzusetzen. Der Verhandlungsablauf und das Berufungsverfahren sind stark vom bernischen Rechtskreis bestimmt. So ist durch die heutige Trennung zwischen Vorverfahren und Hauptverhandlung eine Komplizierung mit zu vielen möglichen Parteivorträgen erfolgt. Das führt unweigerlich zu höheren Kosten; ein Umstand, den erfahrene Zürcher Prozessanwälte heute noch bedauern. Sie trauern dem alten System nach, wonach nicht gleich zusammen mit der Berufungserklärung die Berufungsbegründung eingereicht werden musste; das neue System bringt bei umfangreichen Verfahren viel Stress und Ungemach bei der berufungsklägerischen Partei bzw. der sie vertretenden Anwaltskanzlei mit sich. Negativ ist sodann – bei der schweizerischen Zivilprozessordnung die Reduktion von drei auf zwei Rechtsmittel, d.h. das Fallenlassen der Nichtigkeitsbeschwerde vieler kantonaler Prozessordnungen und des alten OG über die Bundesrechtspflege; dadurch wird u.a. das Berufungsverfahren stärker belastet (z.B. vorsorgliche Massnahmen). Missglückt ist auch das Kostenrecht. Dieses bildete Gegenstand einer Revision; sie datiert vom 17. März 2023, ist jedoch m.E. im Kostenrecht nicht gelungen. Eine zu starke und strenge Kautionspflicht verhindert nämlich die Rechtsdurchsetzung.

Um die neue ZPO, die erst am 1. Januar 2011 in Kraft trat, besser bekannt zu machen, wurde das Praxisinstitut für Zivilprozessrecht, PraxiZ, gegründet. Ich präsidiere dieses, Annette Dolge, Obergerichtspräsidentin Schaffhausen und Dominik Infanger, Rechtsanwalt in Chur, gehörten der Leitung an. Das Institut führte vor allem viele Vortragveranstaltungen durch, die teils sehr gut besucht wurden. Die neue ZPO wurde auch durch andere Weiterbildungsaktionen bekannt gemacht.

Die jüngere Tochter (hier mit Ehemann Andreas Amacker) begleitete mich persönlich und beruflich stets kritisch-positiv

13. Abschiedsvorlesung-Kassationsgericht – Anwaltstätigkeit – Nachlassverträge – internationale Aufgaben

Nach der Beendigung der Universitätstätigkeit beschäftigte mich unmittelbar noch die zugehörige Abschiedsvorlesung. Diese trug den Titel «Die Zukunft der Justiz» (vgl. AJP 2003, im Januar 2003 abgedruckt). Ich forderte u. a. eine stetige Weiterbildung der Richter aller Stufen. Eine Durchsicht der Teilnehmerlisten der verschiedenen Weiterbildungsveranstaltungen hatte nämlich ergeben, dass Anwälte diese weit häufiger besuchen als Richterinnen und Richter. Vielleicht ist dies eine Aufgabe für die parlamentarische Justizaufsicht in Bund und Kantonen.

Ganz fehlte der Vorlesungsbetrieb nicht. So trat ich an den verschiedensten Weiterbildungsveranstaltungen auf. Ein Semester las ich stellvertretend an der Universität St. Gallen das SchKG. Dies war für mich von erheblichem Interesse, weil die unterschiedliche Orientierung und Motivierung zwischen den Zürcher und den St. Galler Studierenden mit seltener Klarheit zum Ausdruck kamen. Während das Interesse der Studierenden in Zürich vor allem die Vollstreckung von traditionellen Entscheiden betraf, stand in St. Gallen die wirtschaftliche Bedeutung des SchKG im Vordergrund. Hier interessierte besonders das Konkursrecht mit Einschluss des Nachlassvertragsrechtes, dort das gewöhnliche Betreibungsrecht und das Vollstreckungsrecht der Zivilprozessordnung.

Nach der Universität wollte ich mich beruflich noch nicht zur Ruhe setzen. Ich war noch fast während vier Jahren Mitglied des Kassationsgerichtes, was mich etwa zu 25% beanspruchte. Diese Tätigkeit übte ich gerne aus. Sie diente insbesondere dem Verfahrensrecht; versuchten doch das Ober- und das Handelsgericht vermehrt, durch eine extensive Anwendung der sogenannten antizipierten Beweiswürdigung ein Beweisverfahren zu umgehen. Ich konnte mich nach meiner Professorentätigkeit als Konsulent der Anwaltskanzlei von Hans-Jürg Schürmann am Bellevue in Zürich anschliessen. Dort stand ich allen Partnern zur Verfügung. Ich arbeitete gerne Gutachten aus. Das interessanteste bildete eines mit der Frage: «Welche Anforderungen sind an ein Gutachten zu stellen?» Bei vielen Gutachten fehlt es nämlich an einer klaren und eindeutigen Feststellung des Sachverhaltes. Sie erscheinen deshalb nicht selten als weitgehend wertlos. Noch so luzide rechtliche Ausführungen nützen nichts, wenn sie nicht auf einem richtigen Sachverhalt basieren.

Das Schuldbetreibungs- und Konkursrecht ist in Form des Nachlassrechts wirtschaftlich von besonderer Bedeutung. Es erlaubt, ganze Unternehmen – und damit Arbeitsplätze – zu retten. Denn ein Konkurs zerstört immer Werte. Besonders deutlich kam dies beim Verfahren in Sachen ISM/ISL (insbesondere Fernsehrechte im Fussball) zum Ausdruck. Kleiner, aber an sich dankbarer, war für mich als Sachwalter die Insolvenz des Fussballclubs Winterthur. Dieser konnte nur dank dem namhaften Zuschuss des Unternehmers Hannes Keller sowie insbesondere dem Entgegenkommen der Spieler mittels eines Nachlassvertrages in Form eines Dividendenvergleichs gerettet werden. Es war ein Rennen um Zeit, denn es galt, dem Club rechtzeitig die Lizenz für die kommende Saison zu sichern. Zehn Minuten vor Zeitablauf deponierten Sportchef Peter Knäbel, der heute eine grosse Rolle im deutschen Fussball spielt, und eine Mitarbeiterin von mir den Nachlassvertrag beim Schweizerischen Fussballverband in Köniz bei Bern. Die Nachlassdividende betrug immerhin 21% und in Winterthur konnte weiterhin Nationalliga-Fussball gespielt werden. Dies gehört auch zur Kultur im weiteren Sinne einer Grossstadt. Der FC Winterthur war gerettet.

Bald kam eine neue Herausforderung im Bereich des Nachlassrechtes auf mich zu. Der bekannteste Kinderbuchverlag der Schweiz, der Nord-Süd Verlag mit Sitz in Gossau/ZH, war insolvent. Es galt das künstlerische Erbe von Hans de Beer und Markus Pfister zu bewahren bzw. zu retten. «Der Regenbogenfisch» und «Der kleine Eisbär» hatten schon meine Kinder erfreut. Der Gründer des Verlages, Dimitri Sydianski, war dem eigenen Erfolg erlegen. In immer mehr Sprachen wurden die Werke übersetzt, weit über Europa hinaus wurde expandiert. Doch man verlor die finanzielle Kontrolle. Ein Konkurs wäre die einfachste und rascheste Lösung gewesen. Ich wollte als Sachwalter versuchen, mittels eines Nachlassvertrages die Rettung des Verlages zu bewerkstelligen. Die Widerstände waren sehr gross. Die Eheleute Sydianski wollten den Ernst der Lage nicht begreifen, die Künstler ebenfalls kaum und die Gläubiger, vornehmlich aus Japan und den USA, drängten. Es war eben sehr kostspielig, die Bücher nicht nur zu übersetzen, sondern vor allem die Illustrationen den verschiedenen Kulturkreisen anzupassen. Darin lag der Kern des finanziellen Desasters. Rechtliche und wirtschaftliche Probleme stellten sich auf nationalem und internationalem Boden. Es gelang, eine provisorische und anschliessend eine definitive Stundung zu erhalten. Dank gebührt den Exekutivbehörden von Gossau, die an der Erhaltung der fast 50 Arbeitsplätze in dieser peripheren Landgemeinde sehr interessiert waren und manches Entgegenkommen zeigten.

Meine Hochachtung gebührt dem verständnisvollen Nachlassgericht von Hinwil, das an die Grenzen seines Ermessens ging. Erreicht war damit jedoch nur die Stundung. Ein Dividendenvergleich kam nicht in Betracht, denn dazu braucht es stets ein Mindestmass von finanziellen Mitteln. Solche waren nicht vorhanden und konnten nicht in genügendem Mass erhältlich gemacht werden. Also musste ein Nachlassvertrag mit Vermögensabtretung erarbeitet werden. Wer war jedoch bereit, einen maroden Verlag zu erwerben? Ich suchte nach Investoren. Es war ein Glück, dass auf den sehr guten künstlerischen Ruf des Verlages verwiesen werden konnte. Zuerst mussten die fernöstlichen Engagements und in den USA abgekoppelt werden. Vorbild der Strategie war der Globi-Verlag, der seine Hauptfigur nie exportiert hat. Nach langen Bestrebungen gelang es, eine zwar kleine, aber rein schweizerische Investorengruppe zu finden. Der Verlag wurde allerdings redimensioniert. Er ist heute mit Sitz in Zürich tätig.

Mit dem Sinken der Zinsen erfolgte eine Zunahme der Investitionen in Liegenschaften. Diese wurden in der Regel durch die Eigentümer nicht selber verwaltet. Vor allem ältere Personen erledigten die zunehmenden administrativen Umtriebe, die das Immobilieneigentum mit sich brachte, nur mit erheblicher Mühe. Ein neuer Markt eröffnete sich Immobilienfirmen. Die Verwaltung von Liegenschaften wurde zum guten Geschäft. So auch für die von Rolf Werner geleitete Verwaltungs-AG in Winterthur, die Hunderte von Liegenschaften und Wohnungen sowie Büros verwaltete. Das Geschäft florierte. Plötzlich tauchten aber Bedenken auf. Erfolgten die Abrechnungen zu Handen der Eigentümer korrekt? Sie wurden von Fachleuten, die Kunden der Verwaltungs-AG beauftragt hatten, überprüft. Der Verdacht wurde zur Gewissheit. Die Presse war alarmiert, erste Publikationen in der Lokalpresse erfolgten. Von den eingeforderten Mietzinsen war die Verwaltungsfirma berechtigt, ihr Honorar und die anfallenden Kosten und Gebühren (z. B. für den Unterhalt, Wasser und Elektrizität, die Heizung, den Kaminfeger usw.) abzuziehen. Es erfolgten stark überhöhte Rückbehalte. Daraus bereicherten sich die Organe der Verwaltungs-AG in Millionenhöhe. Die Verwaltungs-AG hatte unversehens erhebliche Liquiditätsschwierigkeiten. Eine Nachlassstundung wurde gewährt, ein Sachwalter, ein bekannter Winterthurer Treuhänder, wurde ernannt. Der Verwaltungsratspräsident fiel privat in Konkurs. Die von den Gläubigern stark besuchte, sehr emotionale zweite Gläubigerversammlung im «Römertor» in Oberwinterthur wählte den bisherigen Sachwalter ab. Zum neuen Sachwalter und Liquidator wurde der fachkundige Zürcher Rechtsanwalt Felix Rutschmann, ein sehr bekannter SchKG-Spezialist, gewählt. Die Versammlung setzte in einer Kampfabstimmung einen Gläubigerausschuss ein, ich wurde zu dessen Präsidenten gewählt. Aktiven waren fast keine mehr vorhanden und die Gläubiger hatten das Vertrauen in die Verwaltungs-AG verloren. Es kam also nur ein Nachlassvertrag in Form eines Dividendenvertrages in Betracht. Anfänglich rechnete man für die geschädigten Immobilieneigentümer mit einer Dividende von 7–15%. Dank beharrlicher Arbeit und aufwendiger rechtlicher Massarbeit konnten viele Aktiven beigebracht werden.

Von ehemaligen Verwaltungsräten konnte ebenfalls eine erhebliche Summe erhältlich gemacht werden; sie fürchteten nicht ganz zu Unrecht eine Strafanzeige. Schliesslich konnte der Prozentsatz der Nachlassdividende für die 151 Drittklass-Gläubiger auf fast 50% gesteigert werden. Die meisten erhielten Beträge von ca. 5000 bis 50 000 Franken. Die Forderungen der 1. und 2. Klasse (Arbeitnehmer, Sozialversicherungen) wurden voll bezahlt. Viele Gläubiger waren bescheidene und ältere Personen, die besonders erfreut waren. Der Verwaltungsratspräsident wurde aber zu einer mehrjährigen unbedingten Gefängnisstrafe verurteilt, was von vielen Opfern, die mir dies persönlich mitteilten, als Genugtuung empfunden wurde. Die neunjährige rechtliche Sisyphusarbeit hatte sich gelohnt. Dies zeigt, dass das rechtlich und wirtschaftlich anforderungsreiche Nachlassvertragsrecht ausgesprochen erfolgreich eingesetzt werden kann, wenn es durch wirklich Fachkundige gehandhabt wird.

Weniger erfreulich verlief mein Engagement als Mitglied des Gläubigerausschusses bei der Sache ISM/ISL, Sportvermarktung, mit Sitz in Zug. Die Presse behandelte den Konkurs eingehend, vor allem dessen Umfeld. Teilweise war ich dabei auch Präsident des Gläubigerausschusses, insbesondere mit Bezug auf eine riesige Forderung gegen eine Grossbank. Es ging vor allem um die Verwertung von TV-Rechten von Fussballspielen. Dabei lernte ich die finanzielle Seite des internationalen Fussballs kennen. Dabei konnte ich erfahren, zu welchen Mitteln eine Grossbank greift, um streitige Ansprüche gegen sie abzuwehren. Es geht dabei nicht oder nicht in erster Linie um rechtliche Belange. Ich hatte diese zu verfolgen und tat meine Pflicht. Ich wurde an einer emotionsgeladenen Gläubigerversammlung, die sich während Stunden hinzog, abgewählt. Vivat justitia. Es blieb wieder mehr Zeit für die Wissenschaft.

Durchzogen verliefen meine Mandate als Prozessvertreter. Vor allem führte ich drei grosse Prozesse. Diese alle zogen erhebliche Diskussionen in den Medien nach sich. Das Anwaltsgeheimnis verbietet, auf Näheres einzugehen. Ich vertrat über zwanzig Piloten der Swissair nach deren Grounding gegen diese. Es ging um umstrittene arbeitsrechtliche Fragen bei einem Betriebsübergang. Teilweise konnte die Streitsache verglichen werden, das Bundesgericht wies jedoch die verbleibenden Klagen ab. Ein Gutachten des renommierten Arbeitsrechtlers Professor Wolfgang Portmann blieb ungehört. Tragisch für die auch sonst im wahrsten Sinne des Wortes arg gebeutelten Piloten. Dies, weil der Gesetzgeber in der Folge das Recht der von einem Betriebsübergang Betroffenen geändert hat.

Ein anderes Verfahren, das ebenfalls in der Presse erhebliche Resonanz fand, betraf die weltbekannte Druckmesstechnikfirma Keller AG in Winterthur. Diese stellt u. a. Sonden für die Flugzeugindustrie her. Der ganze Herstellungsprozess wurde durch die Mobilfunk-Strahlung einer Mobilfunkantenne arg gestört. Eine einwandfreie Sonden-Herstellung erwies sich als nicht mehr möglich. Ein Riesenschaden drohte, gleicherweise ein Verlust vieler Arbeitsplätze. Wir versuchten es auf der öffentlich-rechtlichen Schiene. Die kantonalen Instanzen drückten sich um einen Augenschein, auch Gutachten nützten nichts. Die Folge war eine nicht allseits korrekte Sachverhaltsfeststellung, die sich vor Bundesgericht, das dabei nur Willkür-Kognition hat, nicht mehr korrigieren liess. Es zeigte sich, dass der zivilrechtliche Immissionsschutz wahrscheinlich mehr gefruchtet hätte. Es sei allgemein empfohlen, diesen Weg vermehrt zu beschreiten. Hier hat man wahrscheinlich mehr Gewähr für eine einwandfreie Sachverhaltsfeststellung auf Grund eines umfassenden Beweisverfahrens und einer differenzierten

Anwendung des sachenrechtlichen Immissionsschutzes. Die öffentlich-rechtlichen Gerichte wenden, wie andere Fälle leider zeigen, die einschlägigen Gesetze, Verordnungen und die Richtlinien des BAK stur und wenig aufs Einzelne bezogen an. Es geht nicht um allgemeine mathematische Störungswerte, wie sie in Gesetzen, Verordnungen und Richtlinien festgelegt sind. Zu prüfen ist vielmehr das Schadenpotential im Einzelfall. Diese Problemlösung ist bei den Zivilgerichten weit besser gewährleistet. Bei einem Augenschein, welcher leider nicht durchgeführt wurde, hätten die fatalen Auswirkungen einer zu nahen Mobilfunkanlage leichthin festgestellt werden können. Vorliegend wurde nach Jahren ein Vergleich geschlossen. Die Mobilfunk-Antenne steht heute auf dem Dach eines Discounters, viele hundert Meter vom Fabrikgebäude der Keller AG entfernt. Diese kann nun ihre Sonden fehlerfrei produzieren und weltweit vertreiben.

Als weitgehender Flop erwies sich der Kampf der Anwohnerschaft des Spitals von Uster gegen dessen Ausbau. Ihre Minergiehäuser, die sie mit viel Engagement erstellt hatten, könnten wegen der neuen Spitalbauten kaum mehr als solche betrieben und bewohnt werden. Es war schwierig, gegen den lokalen Protektionismus aufzukommen. Allerdings wurden die hartnäckigen Gegner des schlechthin unsinnigen Spitalbaus für ihre Opfer reichlich belohnt. Sie obsiegten vollumfänglich vor Bundesgericht. Auch dieser Fall liess die Druckerschwärze reichlich fliessen. Das Wichtigste: Das Spital Uster wird überleben, ohne rechtswidrige Ausbauten.

Internationales Recht stand zwar nie im Zentrum meiner Tätigkeit. Das heisst allerdings nicht, dass mich der Gang der Dinge, vor allem auf europäischem Boden, nicht interessiert hätte. So war ich lange Jahre Vertreter der Schweiz im «Réseau de Lisbonne». Dieses wurde im Jahre 1995 gegründet und trat periodisch zusammen. Es diente vor allem dem Austausch von Entwicklungen des Prozessrechtes in den verschiedenen kontinentaleuropäischen Staaten. Die Neuigkeiten hatte ich jeweilen mit Berichten dem EDA mitzuteilen. Meine Erfahrungen flossen teilweise in die schweizerische Gesetzgebung und Rechtsprechung ein. Leider wurde der segensreichen Organisation in der Folge finanziell der Stecker gezogen. Vertreter der Schweizerischen Eidgenossenschaft war ich auch bei deren «Osthilfe». Zum Beispiel hatte Polen seit der kommunistischen Besetzung bis gegen die Jahrtausendwende kein eigenes Konkursrecht mehr. Dies war zeitweise nicht notwendig, denn es hatte zwischenzeitlich keine privaten Betriebe mehr. Ich half in Warschau das Konkursrecht in einer einwöchigen «Schnellschicht» neu zu schaffen. Es datiert vom 28. Mai 2003. Zum Glück waren uns alte einheimische Juristen, die vor dem Zweiten Weltkrieg in Wien studiert hatten, eine wertvolle Hilfe. Das polnische Insolvenzrecht zeichnet sich durch einen starken Schwerpunkt in der Sanierung von Unternehmungen aus.

Abschiedsvorlesung

14. Wissenschaftliche Tätigkeit – «Praxis» –«CAN»

Auch nach der Tätigkeit an der Universität faszinierte mich die wissenschaftliche Tätigkeit. So wuchs aus dem Kommentar zum Gerichtsstandsgesetz die Idee eines ZPO-Kommentars im Rahmen der Basler Kommentare. Als Mitherausgeber verfüge ich über zwei ehemalige Dissertanten, die nunmehrigen Churer Rechtsanwälte Luca Tencio und Dominik Infanger. Zusammen mit ihnen bereite ich die vierte Auflage des Kommentars zur Schweizerischen Zivilprozessordnung vor. Eine besondere Ehre ist mir die Fortführung des Lehrbuches über das Schweizerische Zivilprozessrecht mit den Grundzügen des internationalen Prozessrechtes von Oscar Vogel, der mir als Zürcher Obergerichts- und Handelsgerichtspräsident sowie Titularprofessor in St. Gallen und Fribourg ein grosses fachliches Vorbild war. Die elfte Auflage dieses Standardwerkes ist in Vorbereitung, zusammen mit Samuel Baumgartner und Alexander Markus, Ordinarien für Zivilprozessrecht in Zürich bzw. Bern, sowie der Schaffhauser Obergerichtspräsidentin Annette Dolge. Zusammen mit dieser arbeitete ich sodann die beiden als Lehrbücher konzipierten SchKG I und II aus. Diese sind in der achten Auflage erschienen und werden nicht nur als Lehrbücher benutzt. Sie sind als «Die Gelben» in fast der ganzen Schweiz bekannt.

Daneben arbeite ich gerne an der «Praxis» mit. Es handelt sich dabei um ein jahrzehntealtes bewährtes Magazin, in welchem sich auch nicht amtlich publizierte Bundesgerichtsentscheide finden. Diese werden aus der ursprünglich französischen bzw. italienischen Fassung ins Deutsche übersetzt und nicht selten mit kritischen Bemerkungen und stets hilfreichen Regesten versehen. Angesichts der neuen gesamtschweizerischen Verfahrensgesetze (ZPO und StPO) half ich sodann Dr. Annette Dolge, ein neues Magazin zu gründen, genannt «CAN, Zeitschrift für kantonale Rechtsprechung». Dieses hilft mit, den Kantonen, insbesondere kleineren und mittleren ohne eigene Entscheidsammlung, das neue Verfahrensrecht besser zu kennen, ist doch dieses nur relativ selten Gegenstand der bundesgerichtlichen Entscheide. Das «CAN» dient der Vereinheitlichung des Prozessrechtes in den Kantonen.

15. Fazit: Sinn der Jurisprudenz – Vielfältigkeit – Zufriedenheit – Besorgnis

Meine Berufstätigkeit hat mich voll erfüllt. Ich durfte in allen typischen Bereichen arbeiten: Gericht, Verwaltung, Universität, Advokatur. Alle Beschäftigungen faszinierten mich. An erster Stelle würde ich aber das Richteramt setzen. Es ist die verantwortungsvollste juristische Tätigkeit. Recht, praktische Kenntnisse, Menschenverständnis und Menschenkenntnis, Sprache, gelegentlich auch politische Überlegungen sind gefordert. Als Richter war ich besonders engagiert, wenn ich Einzelpersonen vor staatlichen Eingriffen schützen konnte. Dasselbe gilt für die Gemeindeautonomie.

Immer stärker rückte bei mir der Anspruch auf den «fair trial» ins Zentrum. Dieser Grundsatz gilt in allen Rechtsgebieten. Er beinhaltet ein rechtsgleiches Verfahren vor einem unabhängigen Gericht. Das Grundprinzip des «fair trial» ist die Krönung des Rechtsstaates. Das Prozessrecht gehört zwar zum dienenden Recht, aber ohne dieses gibt es keine materielle Verwirklichung desselben. Es ist bewundernswert, was das Bundesgericht aus Art. 4 der Bundesverfassung bzw. aus den Art. 8 und 9 der neuen Bundesverfassung abgeleitet hat. Verstärkt und präzisiert wurde dies durch die neuen Prozessgesetze auf Bundesebene.

Selbstverständlich würde ich wieder die Rechtswissenschaft studieren. Allerdings ist das Studium teilweise auf Abwege geraten. Gewöhnliche Hochschulen bieten ebenfalls das Studium der Rechte an. Sie vermögen zwar gute Rechtskenntnisse zu vermitteln, nicht aber das eigentliche Wesen des Rechts. Sie sind zu oberflächlich und zu sehr dem rein wirtschaftlichen Denken verfallen, das zwar eine wichtige Rolle spielt, aber nicht mehr. Viele Universitäten glauben, diesem Trend nacheifern zu müssen. Es war ein kaum verzeihlicher Fehler, das Latein als Voraussetzung des Rechtsstudiums ganz fallen zu lassen. Es geht nicht um die Sprache, es geht um das Denken und die kulturelle Bildung, es geht um die Basis des Rechts, vor allem des Privatrechts. Diese beruht auf dem römischen Recht. Dort und nur dort findet sich das wahre Fundament unseres Zivilrechts, des Rechts schlechterdings. Diese Basis des abendländischen Denkens legt nur das alte römische Recht, das nur mit Latein wirklich ergründet und verstanden werden kann. Daneben darf nicht unterschätzt werden, dass Latein das für die Rechtswissenschaft überaus wichtige logische Denken fördert. Ich merkte jeweilen bei der Korrektur von Prüfungsarbeiten und vor allem bei Dissertationen, ob jemand ein «Lateiner» oder eine «Lateinerin» ist. Latein bzw. die lateinische Bildung und Kultur schützt auch vor dem heutigen Trend des Absinkens der Jurisprudenz und im Besonderen der Advokatur ins rein Kommerzielle. Zusammengefasst: Das Latein im weitesten Sinne dient dem Recht. Diese abendländische Errungenschaft braucht es zum menschenwürdigen, rechtsstaatlichen Überleben. Genauso wie die Verfassungsgeschichte seit der «Magna Charta».

Heutzutage braucht es zwar viele Gesetze, um das moderne Leben mit allen seinen Herausforderungen zu regeln. Ich kann aber meine tiefe Besorgnis nicht verhehlen. Denn es wird allzu sehr darauf los legiferiert. Dies ist weitgehend Folge der um sich greifenden Staatsgläubigkeit. Es ist der gefährliche Glaube an das Gesetz. Damit kann nicht alles gelöst werden. Meine jahrzehntelange Erfahrung in verschiedenen Bereichen der Jurisprudenz lehrte mich etwas: Ein Gesetz ist nur Hilfsmittel. Es hat – wie die Jurisprudenz – keinen Eigenwert, es ist nur dienend. So wie das Zivilprozessrecht dem materiellen Recht dient, so hat das Recht als solches und haben vor allem Gesetze dem Menschen und dessen Dasein und Zusammengehörigkeit Hilfe zu leisten. Stets ist zu bedenken, dass der Mensch von Natur auf frei ist und sein muss. Der Staat ist lediglich dazu berufen, dies zu schützen und verwirklichen zu helfen.

Zwar hat in den letzten zwanzig Jahren die Gesetzgebungslehre viel gebracht, sie ist als junge Wissenschaft gut abgestützt. Sie blieb aber weitgehend im Formalen stehen. Sie ist kaum wesentlich ins Inhaltliche vorgestossen. Die Gesetzgebungslehre müsste sich vermehrt am Wesensgehalt der verfassungsmässigen Grundrechte orientieren und daraus die nötigen Schlüsse ziehen. Die Gesetze von heute atmen wenig Freiheit, zu wenig Freiheit. Sie werden mit wenigen Ausnahmen von zweit- und drittrangigen Verwaltungsjuristen, die bei den Vorentwürfen einseitig der Bürokratie huldigen, «fabriziert». Die Politik vermag diese Tendenz zu wenig auszubremsen. Manchen ihrer Vertreter ist das Erheben von immer neuen Forderungen wichtiger. Die Gesetzgebungslehre und deren Umsetzung haben sich nicht nur mit der Gesetzestechnik zu befassen. Vor allem ist zu verlangen, dass stets geprüft wird, ob ein Erlass (Gesetz und auch Verordnung) notwendig, verständlich, systemverträglich, praktikabel und auch kostenbewusst und vor allem verfassungsmässig ist. Diese Voraussetzungen sollten stets geprüft werden. Dies vor allem und besonders bei Dringlichkeit. Die Gesetzgebungslehre hat auch eine personelle Seite. Diese ist bisher vernachlässigt geblieben. Die Erarbeitung von Erlassen gehört zu den anspruchsvollsten juristischen Arbeiten; sie gehört in die Hände von erstklassigen Juristen. Der spätere Bundesrat (1881–1893) Louis Ruchonnet (SchKG) und Eugen Huber (ZGB) sind und bleiben dazu Leitfiguren! Zwar sind heute die Verhältnisse komplizierter. Das schmälert jedoch die obigen Erörterungen nicht; im Gegenteil, sie dürfen angesichts des Gangs der Dinge umso mehr Geltung beanspruchen. Die Universitäten, die Verwaltungen und die Politik sind gefordert, jeder Einzelne trägt Verantwortung.

16 Militär – Romandie – Militärstrafrecht

Nach zwei Semestern Jus wurde ich zur Rekrutenschule der damaligen Luftschutztruppen (später umbenannt in Rettungstruppen) in Morges aufgeboten. Mich interessierte das Welschland mehr als das Militär. Vor allem während der sogenannten «Verlegung» lernte ich das Gros des Vaud kennen, eine herrliche Gegend! Am Schluss bekam ich den Vorschlag zum Korporal. Nach der vierwöchigen Unteroffiziersschule in Genf absolvierte ich dort das «Abverdienen». Das Befehlen liebte ich mehr als das Gehorchen. Zum ersten Mal lernte ich das Führen. Ich erkundete am Abend und am Wochenende auch das zivile Genf, die Cité, den Jet d'Eau, den Parc des Eaux-Vives, St. Georges, le Plainpalais, die wunderbare Genfer Landschaft bis hinab nach Chancy, am Abend die «lait grenadine»… Ich wurde als Leutnant vorgeschlagen und zeigte mich bei den Prüfungen ausgesprochen angriffig, besonders bei der supponierten Beschwerde gegen das Schulkommando. Ich kannte keine Scheu. Vielleicht deswegen wurde ich schon nach zehn Wochen vom weiteren Abverdienen, das damals 17 Wochen dauerte, dispensiert. Dies zusammen mit Korporal und ETH-Student Fredi Geiser aus Langental, dem späteren Direktor der RUAG. Freude herrschte und wir verprassten zusammen den ersparten Sold auf einer viertägigen Fahrt nach Mailand. Dort genossen wir es in vollen Zügen. Nachher war wieder

Studium angesagt. Ich stürzte mich hinein, denn meine Freundin Hilde hatte sich einem anderen zugewandt: Sie schrieb mir: «Toi je t'aime bien, mais lui je l'aime». Frustrierend. Doch dies ist meinem Studium zugutegekommen. In dieser Zeit fand ich mein Dissertationsthema. Das Arbeiten an der Dissertation bei Professor Werner Kägi war eine einsame Zeit. Sie wurde unterbrochen durch das Aufgebot zur Offiziersschule in Herisau. Dabei stand zusehends Theorie im Mittelpunkt. Das sagte mir sehr zu, vor allem das weitere Erlernen der Führungsgrundsätze. Ich war bei meinen späteren zivilen Tätigkeiten gedanklich stark in diesen Grundsätzen verankert. Ich sah auch die Unterschiede zu denjenigen, die dieselben nicht erlernt hatten. Die militärischen Führungsgrundsätze gelten m.E. weitgehend für das Zivilleben («Man soll das Was und nicht das Wie anordnen». «Man soll etwas Zweites erst anordnen, wenn das Erste durchgesetzt ist». «Stets sind die drei K zu beachten», usw.). Eine kleine Begebenheit in der Offiziersschule in der Kaserne Herisau im Jahre 1957 prägte mir für meine spätere berufliche Tätigkeit ein, dass alle Strafen und Massnahmen überlegt und verhältnismässig sein müssen; es herrschte tagelanges Regenwetter. Eine Nachtübung stand bevor. Wir hatten vorgesorgt und im Zeughaus sogenannte Prontomäntel beschafft. Diese schützen ausgezeichnet vor Nässe und Kälte. Sie wurden im Gang der Kaserne bereitgelegt. Als wir die Mäntel nach der Befehlsausgabe behändigen wollten, waren sie verschwunden. Wir mussten uns mit unserem gewöhnlichen Kaputt begnügen und strotzten bald vor Nässe. Die Offiziere einer gleichzeitig in der Kaserne stationierten Truppe, die ebenfalls zu einer (anderen) Nachtübung ausrückten, hatten sich da bedient. Doch die Offiziere waren weg. Da kam zufällig Major Rudolf Blocher, der spätere Korpskommandant, tätig damals bei der in der gleichen Kaserne untergebrachten Infanterie-RS als Kommandant-Stellvertreter des Weges. Ich schilderte ihm den Sachverhalt. Er zögerte nicht lange und liess die Betten der Übeltäter, auf den Estrich der Kaserne abtransportieren. Als die Herren spät in der Nacht zurückkehrten, fanden sie ihre Schlafzimmer leer vor und über den Betten stand «Leihweise entnommen, Major Blocher». Sie mussten auf dem blossen Fussboden nächtigen. Major Blocher hätte die Betreffenden formell disziplinieren oder sogar die Militärjustiz rufen können. Er wählte eine nachhaltigere Sanktion. Diese Geschichte lehrte mich, dass wenn möglich, eine Angelegenheit wirkungsvoller informell und humorvoll, jedenfalls verhältnismässig erledigt werden kann. – Am Schluss der Offiziersschule erfolgte die Verlegung nach Schwyz. Im dortigen Museum des Bundesbriefes wurden wir feierlich brevetiert, umrahmt von flotten Märschen einer Militärmusik. Damals hatten alle noch echten Sinne für derartige vaterländische Feierlichkeiten ... Und heute?!

Vorerst kamen die Führungsgrundsätze und Blochers (nicht verwechseln mit dem Politiker und Unternehmer Christoph Blocher) Vorbild beim Abverdienen des erlangten Leutnant-Grades in Genf zum «Einsatz». Da damals zu wenig Kader aus der Romandie vorhanden war, tat ich während 17 Wochen Dienst bei einer französischsprachigen Kompagnie. Davon profitierte ich sprachlich, lernte aber, was ebenfalls bereichernd war, auch eine – ebenfalls schweizerische – andere Mentalität kennen. Dies war insbesondere bei meiner späteren höchstrichterlichen Tätigkeit von kaum schätzbarem Nutzen. Ich tat in der Folge Dienst als Zugführer bei der Zürcher Luftschutzkompanie 26. Bei einer Sprengübung erlitt ich einen Tinnitus, der mich zwang, die militante militärische Tätigkeit aufzugeben. Die eigentliche militärische Tätigkeit war leider vorbei; sie bot mir Abwechslung vom Studien- und Arbeitsalltag. Ich wurde zur Militärjustiz umgeteilt. Dort war ich Gerichtsschreiber, Untersuchungsrichter und Auditor (Staatsanwalt) und konnte im Stab des Oberauditors Einsitz nehmen. Die Militärjustiz hat allen Unkenrufen zum Trotz einen wichtigen Stellenwert. Sie ist keine Ausnahmejustiz, sie ist eine Fachjustiz, eine Justiz mit besonderen Fachkenntnissen. Sie wird gelegentlich von schwachen, militärischen Kommandostellen bzw. Kommandanten missbraucht: Sie soll sich der Sache annehmen, dann ist man die Verantwortung los. Es wird übersehen, dass oft eine andere Massnahme effizienter und an-

Major der Militärjustiz

gebrachter ist als eine Bestrafung (vgl. das Vorkommnis mit den Prontomänteln). Ein Beispiel: Am Schluss eines fröhlichen Kompanieabends einer WK-Einheit läuteten einige Übermütige um Mitternacht Sturm von der Dorfkirche aus. Das kleine Aargauer Dorf erwachte ... Am folgenden Morgen wurde vom Truppenkommando die Militärjustiz, und zwar sofort, gerufen. Der Untersuchungsrichter, Jörg Ursprung, der spätere Regierungsrat des Kantons Aargau und ich als Gerichtsschreiber eilten herbei. Wir glaubten, etwas wirklich Gravierendes sei geschehen. Ursprung liess sich den Sachverhalt schildern, dann zerriss er vor den Augen des Kommandanten langsam dessen Untersuchungsbefehl und liess diesen theatralisch zu Boden fallen. Dabei sagte er ruhig: «Dies ist keine Sache für die Militärjustiz; ein guter Kommandant löst eine solche Angelegenheit innerhalb der Truppe selber.» Darauf meldeten wir uns unverzüglich ab.

Das Positive bildete, dass ich in engem Kontakt zum Strafrecht blieb. Das Militärstrafrecht ist – was häufig verkannt wird – in weiten Teilen nicht weit vom bürgerlichen Strafrecht entfernt. Es wird gut und sachkundig angewandt. Es erspart nicht selten die Einholung von Expertisen.

17. Ausserfachliche Tätigkeiten

Es wäre fast ein Armutszeugnis, sich neben dem Beruf anderweitig zu betätigen. Fachidiot mochte ich nicht sein. Die nicht eigentlichen Berufstätigkeiten dienen der allumfänglichen Ausgeglichenheit und auch der Gesundheit im weitesten Sinn. So dürfte ein kurzer Abriss nicht juristischer Aktivitäten angebracht sein:

Gesellschaft zur Alten Kammer (GAK)

Angesichts des intensiven beruflichen Engagements ist auch Entspannung nötig. Dazu braucht es in der Regel andere Menschen. Menschen aus unterschiedlichen, anderen Berufen, anderem Herkommen, anderen oder ähnlichen Anschauungen und Lebenseinstellungen. Deshalb war ich fast fünfzig Jahre lang und bin noch jetzt Mitglied der Gesellschaft zur Alten Kammer Winterthur (GAK). Diese ist ein loser, aber gerade darum enger Zusammenschluss von ungefähr gleichaltrigen Menschen – und mehr und mehr durch Beizug auch von dazugehörigen Frauen – aus Winterthur und Umgebung. An monatlichen Treffen, meist bereichert von Vorträgen, Stämmen und Wanderungen, erfolgt ein offener Austausch von Erfahrungen und Meinungen. Wir sind zwar immer weniger, «nos habebit humus...». Gerade deshalb ist die GAK ein echter, tröstlicher Hort. Menschlichkeit ist angesagt.

Zofingia

Zwar bildete das Militär, besonders in der ersten Hälfte des Studiums, einen ständigen Ausgleich. Dennoch vermisste ich das Geborgensein in einem Kollektiv von Kollegen und Freunden wie bei der Gymnasialklasse. Kein einziger meiner Gymikollegen hatte mit mir das Jus-Studium begonnen, Zürcher fehlten fast ganz oder gaben das Studium bald auf. Es überwogen Aargauer, Innerschweizer und St. Galler (Luzern hatte noch keine Universität, St. Gallen war noch reine Handelshochschule). Die Nichtzürcher waren weitgehend unter sich und gingen nach den Vorlesungen zurück nach Hause. Wahrscheinlich war es vorerst die fehlende Einbettung und der mangelnde Kontakt, der mich bewog, in die Studentenverbindung Zofingia einzutreten. Hier fand ich einen aktiven Fuxenstall vor, der über zwanzig Studenten, vorab der Rechtswissenschaft, der ETH und der Medizin, umfasste. Wir huldigten mit Nachdruck der Zofinger-Devisen «Patria» und «Amicitia», die «Litteris» verschwand weitgehend. Wir trafen uns wöchentlich zum Bierstamm im «Salmen» im Zürcher Niederdorf. Daneben machten wir Ausflüge («Fahrten»): Zugerfahrt, Rapperswilerfahrt, Regensbergerfahrt, Halbinsel Au-Fahrt u.a. Im Winter organisierten wir Bälle, so der Fuxenball und die Soirée. Wir beschäftigten uns an Vortragsabenden vor allem mit staatspolitischen Problemen. Die «Patria» stand im Zentrum. Es herrschte eine liberal-konservative Stimmung, aber zum Glück längst keine «Unanimité». Wir waren zumeist junge Of-

Die Zofingia war stets mein Begleiter

fiziere. Den Gesichtskreis und die Freundschaften erweiterten die gelegentlichen Besuche anderer Sektionen und insbesondere das jährliche Zentralfest in Zofingen. Am «Dies Academicus» unserer Alma Mater marschierten wir als stolze Hundertschaft (Fuxen, Burschen, Inaktive) am traditionellen Umzug mit. Ich durfte die Sektion Zürich ein Sommersemester lang präsidieren; das war eine gute Führungsschule! Die Zofingia ist eine echte Lebensverbindung. Dies spürte ich auch später bei meiner Richtertätigkeit und auch noch im Alter. Vivat, crescat, floreat!! Die 1968-er Jahre überlebte die Zofingia. Es überlebte und vor allem deren geistiges Fundament. Das beweist dessen Richtigkeit.

SVP

Politisch bin ich seit Studienschluss Mitglied der SVP. Hier betätigte ich mich vor allem als Berater und interner Mitarbeiter sowie Helfer und nicht als Front-Mann. Ein eigentliches politisches Amt bekleidete ich nie. Ich war nicht Politiker, ich war und bin jedoch stets politisch interessiert. Die SVP sagt mir vor allem als freiheitlich-konservative Partei zu. Sie bildete für mich stets den Zugang zu Bauern, Handwerkern und der Unabhängigkeit und Freiheit verpflichteten Bürgern. Zu sehr hat aus meiner Sicht die FDP ihre liberalen Gesichtspunkte teilweise verlassen. Auch ihre Verlässlichkeit ist nicht immer gewährleistet, es fehlt an wirklicher Verpflichtung zum breiten Volk. Die SVP hat dagegen eine starke Bindung zum Volk, zur direkten Demokratie. Sie wurzelt fest im breiten Volk. Selbstverantwortung und Arbeitsamkeit, Liebe zu Herkommen und der Schweiz als Heimat stehen im Vordergrund. Staatskrücken kommen nur im Notfall zum Tragen. Dem Volk fühlte und fühle ich mich verpflichtet; dessen Entscheide an der Urne sind (fast immer) richtig. Direkte Demokratie und Unabhängigkeit sind die Zukunft unseres Landes.

Übrigens: Noch ein Wort aus meiner jahrzehntelangen richterlichen Tätigkeit. Nie spürte ich auch nur den Versuch der Einmischung in meine richterliche Unabhängigkeit.

In der SVP wird nicht nur Politik gemacht

18. Fazit

Ich habe im Leben dem Recht zu dienen versucht. Unsere schweizerische Justiz und unser Rechtswesen verdienen Vertrauen. Ausnahmen sind überall anzutreffen. Die Proporzwahl unserer Gerichte widerspiegelt das Volk. Das bedeutet nicht, dass die Wahlorgane und politischen Parteien nicht zu kritischer Aufmerksamkeit verpflichtet sind. Vor allem ist vor einer bloss dem Kommerziellen verschriebenen Denkweise zu warnen. Nie darf zudem das Internationale trotz aller geistigen Offenheit überwiegen!

19. Zum Schluss: Dank an Familie

Meine schulische und meine berufliche Karriere verdanke ich zur Hauptsache meiner Familie. Meine Eltern zweifelten zwar zuerst am eingeschlagenen Weg. Dann erkannten sie diesen jedoch als richtig. Besonders mein Vater hatte hart für mich zu arbeiten und zu sparen. Es war sein Stolz, meinen Geschwistern und mir Studium ohne jegliche Stipendien aus eigener Kraft zu ermöglichen. Darüber hinaus durfte ich von seiner Lebenserfahrung und seinen Ratschlägen stets profitieren. Ich fand bei ihm stets eine offene Türe.

Später war es meine Ehefrau, die mir immer wieder eine feste Stütze bildete. Sie war nicht nur in erfolgreichen Zeiten, sondern gerade in Krisen immer bereit, mich zu unterstützen und weiterzubringen. Ihre positive Einstellung, ihre Fröhlichkeit und ihre feste Basis aus ihrer Heimat im Kanton Thurgau vermochte sie immer auf mich zu übertragen. Sie unterstützte mich auch sehr mit ihren sprachlichen und buchhalterischen Fähigkeiten. Sie war der Hort der Familie und eine vorzügliche Mutter meiner beiden Töchter. Zu meiner Freude wählten diese ähnliche Berufe wie ich, gründeten eigene Familien mit guten Ehemännern und Vätern meiner Enkel. Ich bin eben ein Familienmensch. Und ich bin überzeugt: Die Familie bildet das nachhaltige Fundament unserer Gesellschaft und unseres Staates. Tragen wir der Familie und unserem Land Sorge!!!